Tuozhan
Xunlian
Xinlixue Yingyong

拓展训练
心理学应用

李冈幽　著

企业管理出版社
ENTERPRISE MANAGEMENT PUBLISHING HOUSE

图书在版编目（CIP）数据

拓展训练：心理学应用 / 李冈豳著. -- 北京：企业管理出版社, 2023.8
ISBN 978-7-5164-2878-8

Ⅰ. ①拓… Ⅱ. ①李… Ⅲ. ①拓展训练—关系心理学 Ⅳ. ①B84-069②G895

中国国家版本馆CIP数据核字(2023)第147337号

书　　名：拓展训练：心理学应用
书　　号：ISBN 978-7-5164-2878-8
作　　者：李冈豳
选题策划：周灵均
责任编辑：张　羿　周灵均
出版发行：企业管理出版社
经　　销：新华书店
地　　址：北京市海淀区紫竹院南路17号　　邮　　编：100048
网　　址：http://www.emph.cn　　电子信箱：2508978735@qq.com
电　　话：编辑部（010）68456991　　发行部（010）68701816
印　　刷：河北宝昌佳彩印刷有限公司
版　　次：2023年8月第1版
印　　次：2023年8月第1次印刷
开　　本：710mm × 1000mm　1/16
印　　张：17
字　　数：230千字
定　　价：76.00元

前言

在多年的拓展训练中常有一些意外发生。有个来参加拓展训练的女孩，穿着裙子来参加训练，培训老师要求她换成长裤，但她回答，从小到大，无论是冬天还是夏天她都是穿裙子的，不能换。培训老师强调培训纪律，不换就不许参加训练。被多次要求后，她就是不换，直到她公司的领导下命令，以开除相威胁，才迫使她换了长裤。可是，当她穿着长裤回来之后，所有人都发现她有明显的"罗圈腿"。面对一些同事惊讶的眼神，她哭着跑开了。

如果说这个案例仅是侵犯了个人隐私，给这个女孩带来的只是心灵的痛苦，那么有些违反培训规程的操作则可能给学员造成身体的伤害，甚至造成安全事故。

拓展训练是当今世界成人教育中一种全新的、有效的学习方式，它高度符合成人学习的特点，因此被企业和社会各类组织所喜爱。与有形的产品不同，拓展训练作为一种教育产品，有一半是无形的，是藏在培训师脑海里的，这就是培训师掌握的拓展训练专业知识和技能；而另一半是有形的，也就是看得见、摸得着的，这一部分就是训练器械和游戏教具。因此可以说，培训师的专业知识与技能，再加上训练器械与教具，组成了拓展训练这个产品。

既然是产品，就是要被消费者购买的，而消费者只要准备购买这个产品，就会对产品有质量要求，因此拓展培训师应该努力学习，不断提升拓展训练的专业知识和技能，这样才能提升产品的质量，真正帮助到企业和各类组织。只有他们在培训中受益了，我们的工作才有意义，拓展培训师的存在才有价值。

我在2008年出版的《做最好的拓展培训师》一书中说过，一个从事体验培训的培训师必须要掌握五大专业技能，其中之一就是心理学知识与技能。为什么拓展培训师要学习心理学的知识呢？因为拓展培训师的工作就是与人打交道，如果不懂学员的心理，不知道其内心所想，很可能会因为你在这方面的无知而影响培训质量，甚至导致安全事故发生。

心理学是一门研究人类心理现象及其影响下的行为活动的科学，它有很多分支，也有太多的学术著作；而我们这里研究的是，与我们的体验培训密切相关的拓展训练心理学应用，它融合了心理学的共性特点、定律，也有拓展训练这一行业独有的实践性特征。

通过本书的学习你就可以知道，如何把心理学的研究成果恰当地运用到你的培训过程中了。通过本书的学习，你可以积累一些读懂学员心理的方法，获得用心理学的技巧增强培训效果的经验。拓展训练作为体验学习的一部分，它有一个完整的培训流程，而在这个流程的各个环节都可以运用心理学相关的知识与技巧。如果我们的培训师可以把这些心理学的知识与技巧融入体验培训的各个环节中，相信你一定会给学员带来更好的学习体验。

李冈幽

2023年3月

目 录

第一章

培训热身时的心理学应用

第一节
积极心理学——拓展训练的本质是什么

幸福不是感觉，幸福是一种能力。幸福的含义是什么？幸福是使人心情舒畅的境遇，以及称心如意的生活。

当今时代，每个人都承受着生活的压力，只不过压力源不同，压力大小不同而已。一些弱势群体，比如生活在贫困地区的人，或有成员重病在身的那些家庭，承受着生存的压力，他们没有能力养活自己，甚至吃顿饱饭都是问题；有些人，没有知识、没有技能，只能靠一身力气谋生，挣到仅能够维持自己和家庭生活的工资；工薪阶层的年轻人凭着微薄的收入要攒钱买房、买车，组建家庭，可是面对天文数字一样的房价，只能一声叹息。中年人上有老、下有小，又要照顾好父母，又要给孩子创造良好的教育环境；老年人则有养老和疾病的压力。除此之外，大家都不可避免地要承受来自生存环境的恶化、通货膨胀，以及不可知的，比如疫情等自然环境及社会问题的压力，而压力造成了很多人幸福感的缺失。

智人从没有被生存和生活的压力压垮过，在漫长的进化过程中，我们人类就是在种种压力下克服了重重困难，成功地走到了今天，并处在生态系统中食物链的顶端。这里面有偶然的因素，也有必然的原因，其中，人类不屈不挠、积极进取的精神应该是最重要的原因。

解决今天现代人压力的问题，同样要靠积极乐观的精神。思维改变了，才可能更好地支撑压力；视野开阔了，才知道这个世界不只有压力，还有太多的美好；与他人交流多了，才知道别人战胜压力、获得幸福的方法；去的地方多了，新环境会让人心旷神怡、宠辱皆忘，甚至高血压都可以降下来，从而正视生活中的困难，超越自我，摆脱不快、愤怒、忌妒、恐惧、焦虑等消极情绪，以更积极的心态面对生活的挑战。

拓展训练起到了积极的作用，是一剂解决现代人内心压力问题的良药，它从心理层面改变人们的思维和认知，是今天心理学的最新研究成果——积极心理学的实践方式。当年我们推出拓展训练这个产品的时候，对它在积极方面的功能和作用并不十分清楚。经过 20 多年的摸索和探究，今天我们终于开拓出这片新领域。

拓展训练事实上是对积极心理学的倡导，每个拓展培训师（而非游戏活动师）都是这个理论的传播者，尽管最初我们作为拓展培训师并不清楚自己的定位。今天了解了积极心理学的原理，才知道我们一直是积极心理学的实践者。那么究竟什么是积极心理学呢？积极心理学是心理学研究的一个新方向，它是相对于消极心理学而言的。消极心理学，是心理学家对于过去时代的一些人，因被艰难生活压迫而产生的幻觉、焦虑、狂躁、自闭、抑郁等病态行为进行的研究，目的是找到这些外在行为的心理原因，从而治愈人类的心理疾病。这是“不得不”的行为，属于消极被动的行为。随着社会的进步、时代的发展，一些心理学家逐渐认识到，与其让疾病发生，不如早做预防，阻止疾病的发生，因此很多心理学家开始了这个“积极方向”的研究。积极心理学的研究最早可追溯至 20 世纪 30 年代 Terman 关于天才和婚姻幸福感的研究，以及奥地利心理学家荣格关于生活意义的研究，美国心理学家马斯洛在《动机与人格》一书中也曾倡导积极心理学的研究。此外，人本主义思潮所激发的人类潜能运动对积极心理学也产生了深远的影响。因此，积极心理学实际上是人本主义心理学的产物，是人本主义心理学孕育了积极心理学。可以说，消极心理学是医治心理疾病的手段，积极心理学则是预防心理疾病的重要方法之一。

积极心理学的倡导者，经过深入的研究、大量的实验，获得了令人信服的结果。大家都熟悉的是“花”和“水”的实验：两盆同样的花和两杯同样的水，如果我们每天对其中一盆花、一杯水进行谩骂与诅咒，而对另一盆花、另一杯水夸奖和赞美，一段时间后会发现：前者花枯萎了，水变得浑浊了；后者则是枝繁叶茂、澄澈清明。

物如此，人亦如此。美国心理学家 Grand 在研究大脑接收信息的工作机制时发现，大脑既可以接收积极的信息，也可以接收消极的信息，重要的是，你如何输入“计划中的信息”，开拓对方的思维，让他想象一些必要的画面，来验证你的信息是正确的，从而确定你思维的主导地位。

从人类大脑的工作方式来说，左脑接收到的语言信息在右脑产生画面，语言的不断重复会强化右脑的画面，这就是语言能够催人向上的生理学原理。

为了让大家透彻地理解这个生理学原理，以及大脑的左、右脑是如何配合工作的，我们变身为一个纳米机器人，进入一个员工的大脑，看一下形象的画面，就清清楚楚了。假设部门主管想用语言辅导一个员工，让他不要去想工作的劳累，而是只想工作带给他的愉快，可以向这个员工发出下面的语言信息。

“请你不要去想这件工作是多么的劳累！”

“请你千万不要想领导是如何训斥你，你要去想工作带给你的快乐，想到它给你的生活带来的积极改变！”

“你不要再想这件让人烦心的事情了！”

第一句话的信息从耳朵进入大脑并首先来到左脑，由于人的左脑主要从事逻辑思维，右脑主要从事形象思维，左脑搞不清楚“工作的劳累”到底是什么意思，也不清楚工作中的哪些细节使人如此“厌烦”。左脑没有这样的功能，因此它立刻把信息转达给右脑并对它说：“喂，主人说让你不要想工作是多么劳累，要多想想快乐的画面。”

右脑是最听话的执行者，它立刻在大脑里搜索关于工作的画面，于是一幅幅有关工作场景的画面在脑海里被调出来了：上午绞尽脑汁写培训计划书；午饭前与培训部争论培训流程的可行性；下午准备培训器材并装车，弄了一身臭汗；下班前与上期培训的客户通电话，因为当时的食宿条件差，客户是一通抱怨，导致心情郁闷；等等。

此时，左脑又把第二句话的命令传递过来：“嘿，主人让你千万不要想领导如何训斥你，要想工作中快乐的事。”右脑对着另一幅画面分析了半天，问左脑：“嗨，我午饭时被领导批了一顿，他说我工作效率低，甚至暗示我，再不做出改变可能会被淘汰了。是不是不要想这件事呢？”

这时左脑反馈的第三句话的信息又来了：“拜托你不要再想这些烦心事了，为什么不想想那些快乐的场面呢？”

右脑感到迷茫，它搜寻着大脑中储存的一张张画面，从中发现一张同事聚会的画面，是领了工资之后和同事一起去卡拉 OK 唱歌，大家都很快乐。于是右脑认定，这个画面中快乐的场面，就是它想要的。

之后，右脑就会遵照命令强化这些画面，做出“标记”，让此类画面在自己的记忆库中排在优先、主导的位置。当今后再遇到工作的烦恼时，它就会自动地把这些画面提取出来，用来激励自己度过情绪低落的时期。

这就是左右脑配合工作时的沟通和协作。这种情况在生活中比比皆是，比如，学生在考试前，拼命地告诉自己：“千万不能紧张啊！”此时大脑就会出现多个紧张的画面，身体也会随即出现紧张的反应。这是因为，否定的词汇如“不能”两个字，右脑无法识别，而被过滤掉了，所以右脑看到的只有紧张的画面。如果我们在日常生活中总是接受肯定的暗示，比如，面对考试，“要轻松自然”，“要心态平和”，“要保持平常心”，等等，那么这些信息就会转化成轻松的画面并被右脑确定为优先级，排在最前面。当出现紧张情绪时，右脑就会飞快地把这些处在优先级的画面播放出来，并自动地把那些紧张的画面舍弃，扔进内存。此时，学生就会轻松快乐地面对考试了。

了解了人类大脑的这个秘密，我们就知道拓展培训为什么会被企业和社会各类组织所青睐。因为在这个训练过程中，积极、阳光，团结、奋斗，坚持、忠诚等画面在拓展培训师不停地强化下，已进入参训学员的右脑并被列为优先级，排在了最前面。当他们在工作和生活中遇到困难、经受压力和挫折的时候，最先出现在学员脑海里的就是这些积极的画面，进而激励他们采取积极的行动。这就是拓展训练的价值和作用。

这也是为什么一名卓有成效的管理者，总是用积极的语言激励部下，而部下总是能创造性地完成工作；另外一些管理者，喜欢训斥员工，批评其工作中的不足，久而久之，这些员工在工作中畏首畏尾，缺乏生机和活力，更谈不上工作效率。这就是积极心理学的本质所在。

引入积极心理学，拓展训练——体验式培训的形式之一（所以，拓展训练又称“体验培训”或“户外体验培训”），便有了令人信服的理论基础。拓展训练是一个重实践、重行动的学习方式，积极心理学赋予其积极、向上的内容，拓展训练也因此具有不同于其他学习方式的教育意义。

第二节
首因效应——让学员在看到你的第一眼时就喜欢你

拓展训练流程的第一个阶段是“热身”，从英文的 warm up 翻译而来。这个阶段的训练目的和内容是，让参训学员知道什么是体验式培训，它的作用是什么，大家怎样来参与及配合。当参训学员了解这些基本的内容之后，拓展培训师会通过特定方式把学员组成若干个团队，并在组建团队的过程中充分调动每个学员参与和投入的积极性，最后提出纪律和要求，以及此次培训的时间安排。

表面看来，热身的工作一点也不复杂，但是培训师是否具备一定的心理学知识，并将心理学技巧运用于整个训练过程中，是能否获得理想热身效果的关键。毫不夸张地说，热身成功了，培训就至少成功了一半。

在热身过程中都会用到哪些心理学的技巧呢？第一个要提到的就是“首因效应”。

首因效应是由美国心理学家洛钦斯首先提出的。它反映了人际交往中主体信息出现的次序，以及对印象形成所产生的影响。首因效应认为，在人际交往中给人留下的第一印象至关重要，对今后整体印象的形成影响很大。

1957 年，洛钦斯以实验的方式证明了首因效应的存在。他用两段杜撰的故事做实验材料，故事描写的是一个叫詹姆的学生在生活中的片断场景。两段故事中将詹姆描述成两种完全相反的性格：一段故事中詹姆是一个热情并且外向的人，另一段故事中詹姆则是一个冷淡而内向的人。

故事一：詹姆走出家门，约着两个朋友去文具店买文具。他们一起走在洒满阳光的马路上，边走边兴致勃勃地聊着这一天学校里发生的有趣的事。走进一家文具店，詹姆看见有两个熟人，他热情地上前打招呼。买好文具，在回家的路上，他看见前天晚上遇到的那个漂亮的女孩迎面走来，詹姆紧走几步，像个老朋友似的和女孩打招呼，女孩有事急着离开，他这才和女孩分手告别。

故事二：放学后，詹姆独自离开教室，走出了校门。他走在回家的路上，路面洒满阳光，非常刺眼。詹姆走在马路阴凉的一边，这时，他看见前天晚上遇到的那个漂亮的女孩迎面走来。詹姆头一低，女孩从他的身边走过。詹姆穿过马路进了一家餐饮店，店里挤满了学生，他注意到其中有几张熟悉的面孔，詹姆没有示意打招呼，只是安静地等待着。柜台服务员注意到他，詹姆买了饮料，便坐在一张靠窗边的椅子上。詹姆静静地喝着饮料，之后便一个人回家去了。

洛钦斯把这两段故事进行排列组合。

第一种是将描述詹姆性格热情外向的材料放在前面，描写他性格冷淡内向的材料放在后面。

第二种是将描述詹姆性格冷淡内向的材料放在前面，描写他性格热情外向的材料放在后面。

第三种是只出示第一段材料，即描写詹姆性格热情外向的故事。

第四种是只出示第二段材料，即描写詹姆性格冷淡内向的故事。

洛钦斯将不同组合的材料，分别让水平相当的中学生阅读，并让他们对詹姆的性格进行评价。结果表明：第一组被试中，有 78% 的人认为詹姆是个性格外向的人；第二组被试中，只有 18% 的人认为詹姆是个性格外向的人；第三组被试中，有 95% 的人认为詹姆是个性格外向的人；

第四组被试中，则只有3%的人认为詹姆是个性格外向的人。

这个实验很好地证明了首因效应。首因效应本质上是一种优先效应，当不同的信息结合在一起的时候，人们总是倾向于重视前面的信息。即使人们同样重视后面的信息，也会认为后面的信息是非本质的、偶然的信息。人们习惯于按照前面的信息解释后面的信息，即使后面的信息与前面的信息不一致，后面的信息也会屈从于前面的信息，以形成人们对事物的整体一致的印象。

在心理学中，首因效应又称“第一印象效应”。第一印象是指在短时间内以片面的或部分的信息为依据，而形成对他人的某种印象。心理学研究发现，与一个人初次会面，45秒钟内就能产生第一印象。这一最先形成的印象，对观察者的社会知觉产生较强的影响，并且在其头脑中会占据主导地位。这种先入为主的第一印象是人类普遍的主观性倾向，会直接影响到以后的一系列行为。研究证明，第一印象对认知有非常大的影响，在首因效应中，对情感因素的认知常常起着十分重要的作用。人们一般都喜欢那些友好、大方、随和的人，因为它满足了人们对情感的需要。这个特点在儿童身上表现得最为明显，小孩子都喜欢第一次见了他/她就笑呵呵的人，如果再给予赞美、表扬，那么他/她就更愿意接近你了。

这就是问题所在。拓展培训师与参训学员的初次见面，其实就是学员获得第一印象的时候，此时培训师出现在学员面前的45秒中的一切行为举止，都会是学员用来捕捉从而构成第一印象的“原材料”。当第一印象形成了，就完成了对你的认知，接下来他们会按照对你的第一印象来选择他们认为合适的行为来对待你。因为生活在快节奏的现代社会，很少有人会愿意花更多的时间去了解和证实一个留给他第一印象不太美好的人，是不是一个值得他尊重的人。

如果学员从你的表现中捕捉到的“原材料”是正向的、积极的，或者善意的、友好的，他们反馈的行为则是尊敬的、服从的；如果相反，他们反馈的行为可能就是轻视的、抵制的。因此，作为一个拓展培训师，一定要特别重视学员对你的第一印象，你有必要采取措施让学员捕捉到的“原材料”都是正向的、积极的、善意的、友好的。

第一印象体现在三个方面，即外表、行为举止和语言。这三个方面都需要事先做好设计。

那么如何来设计呢？首先是外表。每个拓展培训师从身材到容貌都不一样，当然条件好的拓展培训师具有先天优势，但这不是主要因素。外表的构成还有其他的因素，比如服装、发型、表情等，不具备先天优势的拓展培训师只要在这三个方面做好充分的设计和准备，也一定会让学员获得对你美好的第一印象。

先说表情，这是学员见到你的第一眼所关注的。大家知道，当陌生人相遇的时候，彼此首先盯着对方的脸看。为什么要先看脸呢？因为我们想要从对方的脸上获取“是打，还是逃”的信息，这是我们人类由来已久的习惯。我们的祖先生存的环境十分恶劣，随时都有被猛兽吃掉的危险，当他们在密林中遇到某个动物时，要从动物的面部表情来判断是打还是逃？那么到了今天，虽然人类已经登上了食物链的顶端，但是强大的基因还是把这种防范意识保留了下来，并用在了对同类的防范上。因此，今天陌生人相遇彼此依然是要通过面部表情来判断对方是恶意的，还是善意的。

那么，当学员走进教室或在训练场上，第一眼看到你，他一定在判断你这个人是不是善意的、友好的。

拓展培训师要选择善意的表情，为的是后面的培训可以顺利开展。你的表情一定是微笑的、和善的、自信的，让学员感觉到你是一个热情、积极、阳光的人，你是一个好相处的人，从而给他留下美好的第一印象。

当然，这种表情展现得要自然，不要让学员感觉你是装出来的。拓展培训师在平时要多做点功课，你可以对着镜子看看里面的自己，如果连自己都不喜欢镜子里的你，那就要尝试着改变，一直改到自己感觉舒服为止。有的时候，自己感觉很好，可是别人并不一定喜欢、接受你，所以，也要让身边的同事、家人和朋友来评价一下，如果大家都觉得可以接受，那么学员也应该是可以接受的了。

要注意，千万不要板着脸做严肃状。有些拓展培训师认为，这样可以“镇得住”学员，让其心生敬畏。其实不然，没有人是可以被压服的，压服也只是表面上的。如果做不到让学员“心服”的话，接下来的整个培训过程一定不会顺利，他甚至会找机会“报复”你一下。

再看着装，着装要特别设计。我个人认为，对于拓展培训师来说，着装是一件特别重要的事。因为从着装可以看出一个人的品位，看出一个人的素质，甚至是一个人的专业性。

心理学的研究发现，人们在内心中有一种潜在的意愿，就是希望自己也成为那种被人羡慕的人。比如，当人们见到那些气质不凡、谈吐优雅的人，心中不由地就会有“我也是这种人”或是“我也要成为这样的人”的意识和愿望，这种意识被称作“自我心理认同”。这是人类普遍的一种心理。一些精明的商家就巧妙地利用了人的这种“自我心理认同”心理来为自己的商品做广告，并且成功地实现了推销。比如，我们发现很多商品的广告没有任何说明文字，只是一幅图片，却让你看过之后产生强烈的想要“成为”什么的愿望，或是立刻行动的冲动。

有一些奢侈品的品牌，比如，GUESS（库奇）、PLARD（普拉达），它们的广告画面永远都是一些俊男靓女，穿戴着自家的品牌，或在海边，或在旷野，或就在简单的白色墙壁前，凝视着你（镜头），或是看向远方（见图 1-1）。图片上没有任何说明文字，只是让你看到他 / 她酷酷的样子。看了这张图片，如果你是一个年轻人，是不是会想：“穿戴上这些服饰，我也应该是这个样子。”我们可能会想，添加一些描述性的文字不是效果更好吗？广告创意大师奥格威认为，没有必要。因为只要人们看到了这样的人，心中的“自我心理认同”意识就会被激发起来，就有了“我也要成为这样的人”的愿望和冲动。一旦有了这样的想法，那么去买这些时装或饰品就是早晚的事了。

图 1–1　时装

拓展培训师的着装要注意两点：一是干净、整洁、合体。颜色不要太鲜艳，会刺眼；款式可以新颖但不要怪异。二是不同的场合有不同的着装。在室内讲沙盘推演等内训课时，最好是西服革履；而做野外穿越类的课程时，冲锋衣、速干裤和登山鞋就是必要的户外装备了。要根据不同的教学场合选择适合的服装。

然后看发型。无论男女，拓展培训师的发型要吹剪合适。男士切忌蓄须，长发飘飘，切勿给学员留下另类或不讲卫生的印象。

第一印象的第二个重要方面，就是行为举止了。学员对于拓展培训师的表情和着装的观察几秒钟就完成了，接下来的几分钟里，早些进入教室的学员就开始观察你的行为举止。在你对学员讲话之前，你总要等待所有的学员都进来坐好才能开始吧，你要在讲台上站一会儿。

这个时候你的站姿就很引人注目了，大家来看看下面这几张图片（见图 1–2），在学员获得第一印象的时候，你觉得这几个站姿合适吗？

图 1–2　三种站姿

显然，以上站姿有点太随意了。

在进入教室、开始讲课之前这几分钟的时间里，拓展培训师应该展示标准的站立姿势。当然，为避免让学员感觉培训老师呆板、不自然，你可以走动几步，看看手表，或是看向教室后方，还可以和参训单位的组织者简单地交流几句，问问他们“大家都到了吗？”或“可以开始吗？”，等等。

拓展培训师切忌有以下动作。

（1）焦急、不耐烦的动作。比如，搓手，在讲台上低头来回走动，等等。

（2）改变形体的动作。比如，弓腰屈背，踮脚，抓耳挠腮，等等。

第一印象的第三个重要方面，就是语言。外表、行为举止反映了一个拓展培训师的外在形象，那语言就直接“暴露”了一个拓展培训师的内涵。语言是交流思想的媒介，它是人与人之间互动、协助与交往的通道。拓展培训师一开口，就完成了学员对你的第一印象，为接下来进一步的培训流程，或者说为你和学员建立更复杂与深度的合作奠定了基础。所以，拓展培训师要掌握一定的说话技巧，还要多从专业上下功夫，通过语言展示你的专业魅力，吸引学员跟随你的脚步，激发他们探索拓展训练这个领域的热情。

首因效应告诉我们，一个拓展培训师给学员的第一印象至关重要，因此当你站到学员面前之时，一定是干净整洁、清爽干练的，是精神饱满、积极健康、成熟稳重的。微笑是最好的名片，用你和善的微笑，让所有的学员感觉到你的善意，让他们觉得你是一个充满活力的人，是一个友善的人。有了这样的第一印象，学员就会接受你、喜欢你，在接下来的训练中更会乐于支持你、配合你。

第三节
冷热水效应——拓展培训师为什么要低调，放下身段

什么是冷热水效应？三桶水放在面前，一热、一温、一凉，均保持温度不变。当你先把手放入冷水中，再放入温水中，会感到温水是热的；当先将手放入热水中，再放入温水中，会感到温水是凉的。同样的一桶温水，出现了两种不同的感觉，这就是冷热水效应（见图 1–3）。之所以会出现这种现象，是因为人人心里都有一杆“秤”，只不过“秤砣”不一样，也不固定。随着心理的变化，“秤砣”也在变化。当秤砣变小时，它所称出的物体重量就大；当秤砣变大时，它所称出的物体重量就小。人们对事物的感知就是受这“秤砣”的影响。

图 1–3　冷热水效应

在人际交往中，要善于运用这种冷热水效应。人生在世，难免有事业滑坡的时候，也难免有批评别人或面对别人批评指责的时候，这些时候，如果处理不当，就会降低自己在他人心目中的地位，损害自己的形象。巧妙地运用冷热水效应，不但不会损害自己的形象，反而会获得他人的好感甚至好评。当事业出现“滑铁卢”时，不妨预先把最糟糕的事态委婉地告诉别人，以后即使失败，对方也早有心理准备，甚至有了预防措施；当不小心伤害他人的时候，要诚恳地道歉，你的道歉不妨超过你给对方造成伤害的程度，这样不但可以显示出你的诚意，更会收到化干戈为玉帛的效果；当你要说出批评对方的话时，不妨事先声明，你的话很严厉，这样就不会引起他人的反感，反而会让他体会到你的良苦用心。这些运用冷热水效应的举动，实质上就是先通过一、二处“伏笔”，使对方心中的“秤砣”变小，如此一来，“称出的物体重量”自然也就大了。

4S 店的销售员老张，每月都能卖出 30 多辆汽车，深得店经理的赏识。由于近期市场出现一些波动，老张预计这个月最多能卖出 10 辆汽车。深谙人性奥秘的老张对经理说：“最近银根紧缩，市场很不景气，我估计这个月顶多卖出 5 辆车。”经理点了点头，对他的分析表示认同。没想到一个月过后，老张竟然卖出 12 辆汽车。经理非常高兴，对他大大夸赞一番。假若老张当时告诉经理，本月可以卖出 15 辆汽车，或者事先对经理不透露任何信息，而最后卖出 12 辆，那么经理会怎么认为呢？经理一定会认为，老张对市场判断不准确，销售失败了。可想而知，老张不但不会得到夸奖，反而可能会受到指责。在这个事例中，老张把最糟糕的情况“顶多卖出 5 辆车”报告给经理，使得经理心中的“秤砣”变小，因此当月度成绩出来以后，对老张的评价不但不会降低，反而提高了。

蔡女士很少演讲，一次迫不得已她面对一群学者、评论家进行演说。她的开场白是：“我是一个普普通通的家庭妇女，不会说话，更讲不出什么精彩振奋人心的话，恳请各位专家谅解，对我下面的发言不要笑话……”经她这么一说，听众心中的“秤砣”变小了，许多对她表示怀疑的人，也都专心听她演说。当她简单朴实的演说完成后，台下的学者、评论家们感到好极了，他们认为她的演说达到了很高的水平，并给以热烈的掌声。

这些事例告诉我们，当不能端给别人一盆“热水”时，不妨先端给他一盆“冷水”，再端给他一盆“温水”，这样的话，你的这盆“温水”就会让他有“热水”的感觉。在我们的工作生活中，用这盆“温水”你也同样能获得他人良好的评价。

一个拓展培训师在给学员的培训课开始之前，一定要向学员做好“铺垫”，谦逊地把自己的身份和能力值放低至“冷水”状态，让大家对你的期望值从“热水”状态降至“冷水”状态。做好这个“前言”，你后面的培训过程就顺畅多了，哪怕最终结果只是做到“温水”状态，学员也会觉得你做得已远远超出他们的期望值。他们会说：“这位老师真不简单，课讲得如此精彩，能讲出这么深刻的东西，看来他是真的用心了。”那么，在最后的培训评估表上，学员的满意度也不会低了。

在这一点上，有一位著名的相声演员最值得我们学习。他把“冷热水效应”发挥到极致，即使今天他已经取得了很高的成就，每次出场表演的时候也一定是这样的表达：“我是非著名相声演员 ×××，学艺不精，水平有限，顶多算是相声界的一名小学生。”

其实，拓展培训师和演员非常相似，都是要对着一群陌生人，或表演，或讲说，把自己身段放低，或者说降低学员对你的高预期，反而会收获意想不到的好评。

我在运用冷热水效应时，会告诉学员：“我是体验式培训行业里的一名培训师，虽然干这一行很多年了，但能力一般，水平有限，算是行业里的小学生，这一次主要是向大家来学习的，希望在接下来的培训过程中，大家多多支持我的工作……”当然，以往取得的成绩也要提到，可以用PPT做简要介绍，荣誉和成就都写在上面，不必多说，让大家看到就行。

我见过很多拓展培训师，在培训开始前介绍自己时喜欢自我表扬，吹嘘自己的培训能力如何如何强，会讲这个也能讲那个，是什么清华大学、北京大学MBA/EMBA班指定的培训讲师，是这个商学院的客座教授、那个商学院的特聘顾问，等等。当你大肆吹嘘一番后，学员对你的期望直接达到顶峰，可是当你做不到的时候，想想学员的心理落差会有多大？有的时候是接受培训的机构来介绍你，他们通常是把你过往的显著成就逐一列举出来，目的是树立你的威信，也增强学员培训的信心。虽然是好心，却不经意间给你挖了个“坑”，因为这会一下子吊起学员的“胃口”。如果培训中你有充分的时间展示才能还好，可有时只是一天甚至半天的培训，培训的内容无法讲解到位，更没有机会展示你全部的才能，学员就会大失所望，对你的评价就会降低。因此，每当拓展培训师遇到这种情况，尽可能进行自我介绍，而不让接受培训的单位的人来介绍你这个培训师。

第四节
防卫心理——解除戒备，学员才会任你“摆布”

做拓展培训的人都知道培训过程中有一个环节叫“破冰”，那究竟什么是“破冰”呢？如果你在网络上搜索一下，会发现有各种描述和解释，但似乎没有一种解释是完整的、准确的，或说权威的、专业的。也可能就是这个原因，我看到有太多靠自我摸索成长起来的拓展培训师，因为不懂究竟什么是破冰，不明白破冰的原理以及想要达到的效果，导致这“冰”破得险象环生，把学员折腾得疲惫不堪，自己也累得精疲力尽，最后还是达不到目的，最可悲的是他还不知道原因在哪里。当年我在国外学习现代体验培训的时候，外教老师给出了破冰的定义、原理及方法，才真正地知其然，并知其所以然，之后才有了机会把“冰”破得风生水起。在这里分享给大家，助力大家取得理想的培训效果。

想象一下，拓展培训师与一群陌生的学员初次接触时，双方的第一个动作是什么？是对视。

这个动作看似简单，但蕴藏“杀机”。这要追溯到我们的祖先，他们生活在弱肉强食的自然环境里，遇到其他动物或同类的时候，双方第一个动作，就是对视。对视的同时伴随着复杂的心理活动，他们一边观察对方，一边思考：是否打得过对方？打得过，怎么打？打不过，怎么逃？对视暗藏攻击性，在动物界，对视是一种挑衅，是发起攻击的前奏。小时候在农村，记得大人们有一个忠告：如果不想被狗咬，就别盯着它看。对视这个动作及产生的心理活动，像 DNA 一样传递下来。在今天，虽然人们生活在文明的环境里，当陌生人相见时，对视中还是会带有几分警惕戒备。如果人们在对视的时候，一直没有表情的改变，这就有一点“开战”的意味，为避免以后冲突发生，应迅速调整这种对视的状态，你可以微笑一下，让对方知道你并无恶意，从而放下戒备。

拓展训练不同于一般的培训，它重在体验，拓展培训师需要引导学员完成一系列的动作，或者说活动，要完成身体和心理合一的考验。因此，拓展培训师和学员的关系不同于一般培训教师和学生的关系。现代体验式培训的经典理论认为，当拓展培训师与学员初次见面的一瞬间，由于双方互不了解，出于自我防卫的心理，都会把“真实的自己”隐藏起来，特别是参训的学员，此时的场面就如滔滔江河冰封了一样。面对有如结成坚冰的场面，如果拓展培训师不理睬这个状况，直接开始讲课，授课效果就会受到影响。拓展培训师开始讲课前要做的第一件事就是破这个“冰”。破冰是一个系列的动作，拓展培训师首先要做的就是，与学员发生对视之后，要以闪电的速度呈现脸上的笑容，向学员表达你的善意。“人世难逢开口笑”，心理学家研究发现，人之所以会笑，是因为他看见别人在笑（《笑的历史》）。所以培训师要“朔风绕指我先笑”，你笑了，学员不由自主地也就笑了。只要学员们开口一笑，防卫心理自然消散；但这远远不够，因为学员虽然知道了你的善意，可不知道你是否还有“善行”。接下来，还要运用幽默的语言、有趣的小游戏、开心的小活动来“破”了这道横挡在你与学员之间的坚冰。当冰雪消融，学员们春风满面了，你再开始讲课，这时学员就会自觉自愿地跟着你的思路前行了。这就是所谓的破冰。

说到这里，大家应该清楚了，这个“冰”是结在拓展培训师和学员之间的，而不是学员之间的。难道陌生的学员之间不会结“冰”吗？不需要破“冰”吗？

我们来看看现代体验式培训的流程，如图 1-4 所示。

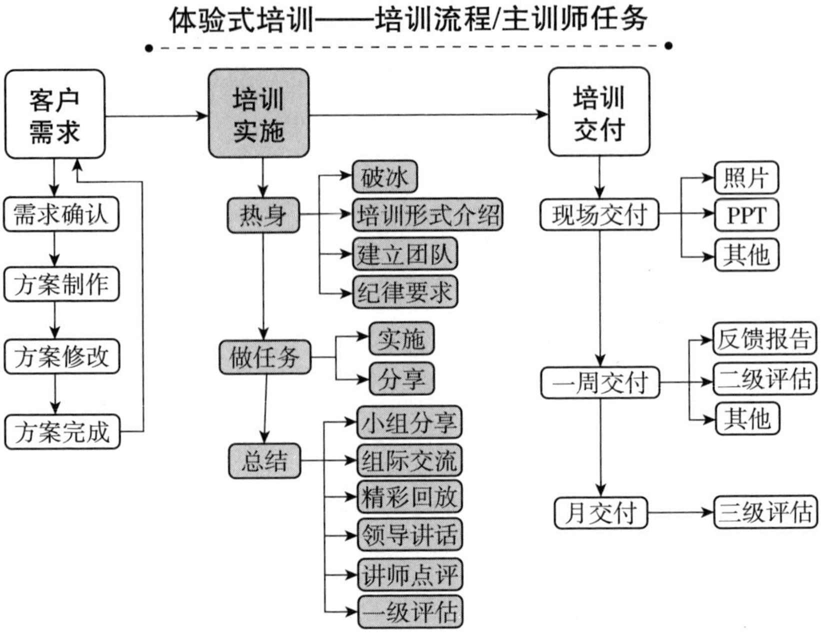

图 1–4 现代体验式培训流程

图 1–4 展示了整个培训流程。培训流程有三大类任务，每类任务中又包含若干小的任务，每个小任务都有明确的名称、内容。陌生学员之间的认识、了解是在“建立团队”这个环节的 6 个任务中完成的，调动学员参训的积极性是在“团队风采展示”（精彩回放）这个环节中完成的。通过这两个环节，陌生学员之间有了初步的了解，但按照经典高效团队的进阶理论来看，一个团队要想成为有战斗力的、高绩效的团队，必须要经历四个发展阶段，即形成（Forming）、动荡（Storming）、规范（Norming）、绩效（Performing）。在“热身”环节，学员的状态只是处于第一个阶段，即形成阶段。这个阶段的场景是，大家为了一个共同的目标刚刚聚在一起，还处在礼貌客气、容忍克制、自我防卫、个性隐藏、相互提防的戒备状态，看起来是一团和气，没有个性彰显、自我绽放，也不会发生矛盾和冲突。这个阶段，如果想让学员之间破这个“冰”，让他们热情高涨、全身心地投入训练，几乎是不可能做到的。

要想达到这样的目的，让大家更深入地了解，彼此熟悉，需要通过一两天的团队训练。在这个过程中大家携手并肩、同甘共苦、流泪流汗，共同完成各种具有挑战性的任务。为了高质量地完成这些任务，大家必然要有沟通、交流，也会有意见、观点的激烈碰撞，这时候就没有人会再藏着掖着，矛盾和冲突自然而然地出现，但这是团队最终获得成功必然要经历的磨合阶段。也正是在这样艰难前行的道路上，团队成员之间才有可能加深理解，从而相互包容，这是达成共同目标所必需的，也是企业和组织此次拓展训练的目标之一。这个目标达成了，“冰”也就破了。陌生学员之间的深入了解、形成友谊是在整个训练过程中完成的，而达成这个目标的手段是拓展训练，我们也不妨将拓展训练叫作“破冰训练”。

陌生人之间会有相互防范的心理，在这种心理的作用下，绝大多数学员很难做到立刻就服从你的指令，让做什么就做什么。成人不同于儿童，他们的思想意志不会任人“摆布”，这种避免损失的防范心理人人都会有。打个比方，你正在街道上行走，忽然有个陌生人上来拦住你，并对你说：“请您把这一段儿街道清扫干净，它太脏了！”同时伸手递过一把扫帚在你面前。试问，你心里会怎样想？会有什么样的反应？我想，第一反应应该是抵制的，你可能会反问：“为什么要我这么做？”脾气暴躁点儿的可能会瞪眼叫起来：“凭什么？凭什么让我扫街？你怎么不扫？脏不脏干我什么事！”如果这个陌生人让你扫地之前，有一些动作或语言的“铺垫”，她微笑着对你说：“先生 / 女士，早上好！我是‘让我们家园 / 城市更美丽’志愿者协会的志愿者 ×××，今天是协会举办的一个公益活动，叫‘人人贡献 3 分钟，城市垃圾一扫空’。先生，一看就知道您是一位公职人员，是个有责任感的人，真心希望您能够为咱们美好的城市环境贡献 3 分钟！”说完，向你展示了她挂在胸前的协会身份证明，或是这个协会的宣传单页，同时，双手捧着扫帚，微笑着送到你的面前。这时，你还能拒绝吗？你还好意思拒绝吗？如果你没有要紧的事去办，你会吝啬这 3 分钟吗？这短短的 3 分钟会证明你是个“热心公益”

的人，而且不会有任何损失，相信大多数人都会做出接受的选择。

心理学研究发现，人都有“厌恶损失”心理，因此，要想让学员服从你的培训安排，就一定要懂得人普遍具有的这个心理。当你了解了学员的这个心理，就知道怎样来解决问题了，解决问题的方法与前面的案例一样，通过一个动作和一段说明性的话语。

一个动作和一段说明性的话语帮你完成了破冰，依此把学员参与团队训练的热情充分调动出来。

我在多年的培训中，总结出破冰阶段三个步骤或者说三个小动作：第一个是“问好”，第二个是“揉肩敲背”，第三个是“抓手指”。这三个小动作完成后，我和学员之间的“坚冰”就彻底破掉了。如何知道你和学员之间的“坚冰”已经破掉了呢？这从学员面部表情就能判断出来。学员在教室里或场地里坐下，刚刚见到你时他们的表情一般是无神的、审视的、怀疑的、防卫的，当你完成这三个动作，他们立刻就像变了一个人，脸上露出开心愉快的笑容，并愿意和你说话交流了。这三个动作的具体做法我在《做最好的拓展培训师》这本专著中有非常详细的描述，需要了解的伙伴可以读一读这本书。

拓展培训中的破冰不是个简单的事情，需要拓展培训师高度重视，尤其是接受培训的学员，或来自企业高层，职位较高、学历较高，或是来自政府的官员，或是各大院校的老师们，如果没有一个巧妙的破冰过程，悄然解除他们的戒备心理，日后的培训就会在磕磕绊绊中进行，甚至会与学员产生对立，从而造成严重的后果。

> 2001年，我在上海给IBM一个部门的员工培训，晚饭后开始热身，这时我们培训中心的校长走过来对我说，他刚刚了解到一个小游戏，很有意思，想让我在热身前给学员做一下，活跃一下气氛。我同意试一下。这个小游戏的做法很简单，就是把学员组成两个团队，排成两个纵队。每个人嘴里咬住一根牙签，每个队站在前面的第一个学员，他的牙签上挂着三个皮筋。

当大家听到开始的口令后，第一名学员向后转，然后把自己牙签上的三个皮筋在不用手和其他工具的帮助下挂在第二名学员嘴上的牙签上，第二名学员接到这三个皮筋后也向后转，再把这些皮筋挂在第三名学员的牙签上，就这样一直把三个皮筋传递给最后一名学员。最后看哪个队的速度最快，先完成者胜出。

我招呼学员集合，并把他们随机编成两个队，向他们布置了这个小活动。俗话说“凡有血性，必有争心”，学员们都很积极，也很投入。我一宣布开始，两个队就快速地行动了。很快A队超过B队，最先完成了，整个团队爆发出阵阵的欢呼声。B队的队员显得很沮丧，这时其中一个队员跑过来对我说：“A队犯规了，不能算他们赢！”我问他为什么，他说A队的人有身体接触。我解释说：“我刚才宣布的规则是不允许用手和其他工具来协助传递，没有说两个人的身体不能接触。”B队的这个队员听后对我说：“那我们没有理解清楚规则，所以这一回不能算，再重新来一次！”B队的很多队员也跟着喊起来：“重新比，重新比！”我想，如果规则不清楚，比起来的确不是很公平。便把规则复述了一遍，并向所有队员询问是否都清楚了规则，大家都表示没有异议。

开始第二次比赛。这一次是B队赢了，场面反过来了，B队的人兴奋得欢呼雀跃，还夹杂着对A队嘲讽的声音。A队的队员则沉默着，很沮丧。这时，我对大家说：“好了，游戏结束，培训即将开始，请大家进教室。”大家陆陆续续走进教室，坐好之后，我正准备向大家问好，这时，坐在前排的一个壮实的小伙子，“噌”地一下站起来，大声说：“老师，我有问题！”我问他：“什么问题？”他表情严肃，高声对我说：“刚才那个游戏明明是我们A队赢了，你为什么不算？还要重新来过，你现在该给我们A队一个说法！”说完眼睛直盯着我，等着我的回答。我看了一下其他的学员，所有的人都在神情专注地看着我。我知道，A队的人都支持这个小伙子的说法，甚至希望我无话可说以证明并不是A队实力不行，而是培训师的问题，来挽回一点颜面。B队的人也看着我，看看我究竟怎样来解决这个问题。看来是绕不过去了，不回答这位学员的问题，或是避重就轻，看样子他不会就这么轻易地坐下，而且所有人都会轻看你。培训还没有正式开始，培训师的高大形象在他们心中就一落千丈了，那接下来的培训还能顺利进行吗？

怎么回答才能让这个学员不再纠缠游戏的输赢？我迅速地思考着答案，然后故作轻松地面向所有学员："噢！是那个小游戏啊！那只是我们正式培训前转变心情、调节气氛的一个小活动，不是真正的培训，所以大家不要特别在意它。当然，是比赛就会有输赢，大家也都会特别关注比赛的结果。刚才我同意做第二次的比赛，是因为第一次我确实没有把规则向大家反复强调和确认，是我的疏忽，我看大家热情很高，就做出二次比赛的决定。不过，这第二次比赛我可是征得了A队队员的同意啊，没有人提出反对意见。既然大家都同意比第二次，那就应该承担第二次的结果呀！"接下来，我换了一种轻松的语气："大家都是信心满满地想赢第二次比赛，那是不是就不是我的问题啦？"这时，我面向小伙子说："你说是吗？"此时，小伙子完全没有了刚才的气势，沉默无言。一看他这个样子，知道他不会再为这件事纠缠了，这个时候，不能让他下不来台，一定要给他个台阶下。我走过去，拍拍他的肩膀说："这个小伙子一看就是敢作敢为、有话直说，有担当的人，但这不是真正的比拼，接下来两天的团队训练才是真正考验大家的时候，小伙子好好表现哟！"说完，我双手搭在他的肩膀上，小伙子虽然有些不情愿但也只好坐在了座位上。

随后，培训迅速转入热身环节，学员没有时间再思考刚才的问题了。

这件事虽然就这么过去了，事后我反省，这个事情的发生，还是有我自己的责任，没有做好充分的准备。虽然当时灵机一动让自己下了台阶，也让学员下了台，但终究是自己准备不足，导致了这个“小插曲”，多多少少会影响后面的培训效果。当时还是因为经验不足，假如有一个愉快的开场，可能培训效果会大不一样。

这件事情给我的教训就是，没有按照培训的规律做事，也就是在破冰之前做了在培训后面的环节应该做的事，因而在学员没有任何心理准备的时候做这样的比赛，那么大家唯一在意的事就是输赢。

值得特别强调的是，今天，破冰这个环节在整个拓展训练中变得越来越重要。十几年前，我给一家企业的全体员工做拓展训练，热身时，我问学员：“什么是拓展训练？”学员们面面相觑，稍后，一个小伙子站起来回答我：“老师，我觉得拓展训练是一项高尚的运动。”在那个时候，尽管还没有人对拓展训练做出清晰的定义，但是拓展训练在大家心目中占有很高的位置。接下来的十几年里，拓展训练行业在无监管、无标准的情况下“野蛮生长”，其口碑在整个社会大众中每况愈下。人们普遍认为，拓展训练就是一种做些趣味游戏的集体活动。甚至有人认为，拓展训练不过就是折腾人，做些无厘头、身体接触的低俗游戏。当人们对拓展训练是这样一种认识的时候，你在参加拓展训练的学员面前，该是一种什么形象呢？因此，作为一个拓展培训师，应该以专业的标准要求自己，掌握专业的知识和技能，严格按照拓展培训的规律科学地培训学员。

用谦和的态度，真诚的笑脸儿，设计巧妙的互动小游戏，去除学员的防卫心理，他们就会响应你、配合你，任你“摆布”啦！

第五节
攀比心理——点燃好胜心，学员自然会为荣誉而战

一次成功的培训关键在于学员的积极参与及配合，因此调动学员的积极性，使其全身心地投入培训中是每个拓展培训师最重要的任务。然而，学员为什么要积极地投入培训呢？他们在什么情况下才会积极地投入培训呢？有些什么方法可以调动他们参训的积极性呢？这些问题都是一个拓展培训师应该事先思考清楚的。

目前，拓展训练在一些参训组织中口碑欠佳，这个时候，很多学员对于参加拓展训练是有抵触心理的，也有一些学员并不是自愿来参加的，而是被单位要求来参加的，是被迫的。在培训中，有的拓展培训师并没有向学员说清楚训练的目的和要求，学员根本不知道参训的益处是什么，也就不知道如何来配合了。因此，调动学员的参训热情，是拓展培训师的一项重要工作任务。事实上，调动学员积极性的方法很多，其中，改变速度快、效果又显著的方法就是心理学中所说的“攀比心理”。

攀比心理实质上是一种社会现象，每个人在生活中都会不自觉地与其他人进行各方面的比较，比如，财富、权力、社会地位、家庭幸福等（见图 1–5）。当他们发现自己与他人的差距时就会努力地行动以缩小这种差距，因此，攀比不是简单地进行比较，而是有“攀”有“比”。“比”过之后，发现了与他人的差距，心里会产生自卑感。自卑的感觉是不舒服的、压抑的，为消除这种不舒服的感觉，就开始“攀”，以缩小差距。当差距缩小，或是没有了差距，甚至超越他人之后，这种不舒服的感觉就会消失。

图 1-5　攀比心理

攀比心理根据其作用不同，可以分为正向攀比和负向攀比。

正向攀比是指正面的、积极的比较，是在理性意识驱使下的正当竞争，往往能够引发个体积极的竞争欲望，产生克服困难的动力。比如，争当先进工作者，做创新能手，为国争光，等等。

负向攀比是指那些消极的、伴随有情绪性心理障碍的比较。这种攀比会使个体陷入思维的死角，产生巨大的精神压力，走向极端的自我肯定或者否定。负向攀比最大的问题在于，缺乏对自己和周围环境的理性分析，只是一味地沉溺于攀比中无法自拔，对人对己都很不利。比如，看别人有钱，他就想方设法要去赚更多的钱；看别人住大房子，就憋足了劲儿要买个高档别墅；你家孩子上了北京大学，我就必须让我的孩子考上清华大学。

在拓展训练中，利用人们正向的攀比心理，可以有效地调动学员参训的积极性。正向的攀比心理，也可以叫作“争强好胜”心理，这种心理是人们普遍都有的。如果我们在培训中只告诉学员，让各个团队去完成一项任务，学员不会有太大的动力。如果你告诉他们：“各个团队都去完成一项具有挑战性的任务，看哪个团队做得更好！”比一比，哪个团队更优秀，就是利用正向的攀比心理，来激发学员“争强好胜”的心。这种心理类似于管理学中的“鲶鱼效应”，引入竞争机制，触动大家的好胜心，如果再加上奖惩制度予以强化，学员参训的热情就大不一样了。人做事是需要一个意义的，当所做的事情是很有意义的话，人们是很愿意去做的，甚至没有酬劳和回报也会去做的。

在培训过程中，要想让大家积极地投入训练，就要充分利用人们的这种正向的攀比心理或争强好胜的心理，把团队的整个训练过程设计为竞赛，让每个学员心中都有一个志在必得的目标，争第一、夺冠军，就是成为最高效、最优秀、最有战斗力的团队。同时，还可以设定物质奖励。精神、物质双激励，学员一定会热情高涨地投入训练，这要比单纯地给学员讲大道理要强得多。

记得最初做拓展培训师在“热身”的时候，我要求学员要积极地参与和投入，并告诉他们“你投入得越多，你的收获也会越大”，但是学员并没有什么积极的反应。站在学员的角度想想就会明白，他们很多是单位要求来参训的，要达成的是单位的目标，而不是他们自己的诉求，尤其是第一次参与拓展训练的学员，他们会想：“我都不知道要做什么，我干吗要积极参与？就算积极参与了，我又能有什么收获呢？不干我的事，是单位让我来参训的。”学员心里的这些疑问没有得到解答，他们又怎么会投入呢？接触到心理学，才慢慢体会到，给学员讲大道理不会有任何效果，还要懂得学员的心理，要“对症下药”。经过多次的摸索后发现，利用正向攀比和争强好胜的心理，可以瞬间调动学员参与的积极性。在以后的每一次拓展训练开始的“热身”中，我只需要告诉大家此次团队训练的形式是“团队竞赛”，并且胜出者有奖励。只短短几句话，大部分参训学员立刻兴奋起来。再适时地讲述一下有趣的“竞赛”项目，这时所有学员都摩拳擦掌、蠢蠢欲动了。要特别注意的是竞赛规则，这个规则一定要设计得天衣无缝、无懈可击，否则，竞赛的效果将大打折扣。

在拓展训练中利用正向的攀比心理，也就是引入“竞争机制”，除了调动学员参与的热情之外，根本的目的就是帮助学员成长，助力团队发展。我们培训工作者都知道，要想说服成人接受一个观点，或是一个理念，一定是在他们事情没有做好的时候。

第六节
抵制说教心理——找准心病，学员就喜欢听你说了

没有人喜欢被说教，即便是他们真的没做好。

我喜欢打乒乓球，过去是想赢，现在更多是想出汗，只要是今天没有培训，或者是没有在外地出差，我必定要跑去距家不远的俱乐部里挥汗如雨。那里有很多喜欢打球的“发烧友”，“发烧”到几乎成天“泡”在那里。时间长了，彼此间也喜欢切磋一下球艺，可是我发现，你夸他可以，但绝对不可以指出他的问题和毛病，哪怕你出于好心、善意，诚心诚意地想帮助他提高球技，那也不行。比如，你对他说：“你这个球失误了，如果换个打法更合理。”大多数人的反应就是，找出一大堆理由证明他为什么要这样打，或是对你的建议保持沉默，不置可否。我这才知道，别人根本就不喜欢听你的建议，因为你的建议在他听来意思是人家打的球不好。谁会喜欢听否定自己的话呢？这是球馆，在这里是纯粹的娱乐休闲，大家来这里的目的不是改变，你也没有责任和义务要求他人改变。

如果你是一个拓展培训师，在培训中你见到学员的弱点或短处可以置之不理吗？ 你不指出问题来，团队怎么进步，又如何能实现培训的目标？

当然不可以，这是拓展培训师的职责所在。那么，如何面对这种你必须指出问题、学员又不要听的场面呢？有一个心理学的小技巧可以有效地解决这个问题，叫作“架梯子”。这个小技巧是这样的，一棵大树

上结满了甜甜的果子，很是诱人，但因为叶子太多，果子又结在高高的树枝上，人们不知道怎样把这些果子摘下来。这时，如果你对大家说："大家听我的，只要你肯努力，就一定能收获果实，相信我。"这不是废话吗？人们想知道的是收获的途径，是怎样做才能收获果实。所以，你不如换一个做法，找来一架梯子，直接架在树干上，并向大家说："我和大家一样，一直想摘到树上的果子，就找来这个梯子，那一天我爬上这个梯子才发现，那些藏在树叶里的果子又大又甜，你们要不要试试？"相信很多想要收获果实的人都跃跃欲试了。

其实，"架梯子"就是"说出对方的心声"。因为每个人在社会生活中都会有烦恼，无论你是成功人士还是普通人，无论你是腰缠万贯的富商巨贾还是沿街乞讨的流浪汉，虽然所处生活环境不同，烦恼却是人人都有，只不过烦恼的事情不一样而已。叔本华说："人一生痛苦的总量是一样的。"你痛苦的所在不是这里，就是那里，痛苦总是会有的。因此，拓展培训师找到这一类学员的烦恼，并告诉他们如何处理好这个事情，他们就会被吸引。这个技巧的核心，就是解决"学员为什么要听"的问题。学员需要的是，怎样做才可以解决问题，渡过难关。

要想让学员对你的讲授感兴趣，你就一定要了解不同的参训学员不同的心理状态。了解这一类学员最关心的是什么，了解他们的烦恼和痛苦是什么。经过长时间的调查研究和积累，就会掌握不同年龄阶段的人都具有哪些特性，不同行业、不同层级的人各自关心的事情。当你真的说出了他们心中的苦处或痛处，同时提出一些具体的、可行的解决办法，他们一定会感兴趣的。

经验少的拓展培训师说话时喜欢"我"字当头："我"有多大本事，"我"有多高的学历，"我"有多少培训经历，"我"给哪些大企业培训过，"我"是北京大学、清华大学 EMBA 的特聘讲师、客座教授，等等。一系列的头衔加身，但是这些与你的学员真正关心的问题有什么关系呢？没有的。因此，拓展培训师要说"你""你们"，你的生活烦恼是什么？你们的工作困难是什么？你们怎样做才可以把烦恼降到最低，使困难顺利解决。

上面是“架梯子”的原理，下面举一个“架梯子”的实例。如果学员是刚参加工作的新员工，“梯子”应该这样来“架”。

“大家好！今天非常高兴来和大家交流学习，因为多年前我也和你们一样，踌躇满志地走出学校的大门，走进职场。我满以为只要自己足够努力、足够勤奋就可以获得领导的赞赏，就可以加薪、升职，实现自己的人生理想。几年之后，尽管我的工作足够努力，却一事无成，还遭受了很多挫折。后来发现，那些和我一同进公司的管理培训生，根本不像我一样加班加点地工作，反倒是得到了提拔和重用。这是为什么呢？我思考了很长一段时间，并虚心向老员工请教，他们给了我答案。今天就把我领悟到的道理，特别是咱们新员工如何顺利地度过最初的困难期，以及自己的一些成功经验和失败教训分享给大家，希望大家在工作中少走弯路，少摔跟头……”

如果学员是来自一个企业或一个组织的全体员工的话，“梯子”该这样来“架”。

“大家好！欢迎你们来到这里参加团队训练。大家知道我们为什么要进行这样的训练吗？小时候我们都听过大雁的故事、筷子的故事、狼群的故事，讲的是团结互助的道理。我们在一个企业中待久了会发现，同事间不可避免地会发生矛盾甚至冲突，时常会有不团结的现象发生：经理之间因为业绩指标发生激烈的争吵；有些部门产生隔阂，相互掣肘，出了问题相互指责，推卸责任；一些人拉帮结派，搞小团体……一个组织、一个企业经不起这样的内耗，但是这类事情就围绕在我们身边。明明我们每个人都知道，这样的情况于己、于企业都是不利的，只有团结协作才能创造更大的收益，但是仍有人在做那些不利于团结的事。原因在哪里？接下来，让我们通过这一次的培训，一起找到这些问题的答案。”

如果参加培训的是企业或组织中的中层管理者，就要“架”起适合他们的“梯子”。

“大家好！今天来到大家中间，真的很开心。为什么呢？我也和大家一样，做过多年的中层管理者，深深知道中层管理者这个岗位的艰辛和不易。在拓展训练初创时期，领导都是把我们当成铁打的，那时拓展培训师人员少，每个人需要承担高额的业绩指标，面对艰难的任务，有时甚至是不切实际的任务（那个时候，拓展训练刚刚起步，一切都是摸索着前行的），只有咬牙扛住。你的下属呢？年纪大的不接受新事物，拒绝接受你的新尝试；同龄人不服你；新一代的年轻人，脑子活，想法多，但是不专一、不进取。工作是“压力山大”。生活中同样是压力重重，上有老、下有小，工作忙导致不能常回家看看，父母难过，妻儿抱怨。付出和收入严重失衡，他们不理解你的坚持，甚至有时自己也会和别人比较：这个买了房子，那个买了车子，而自己还是一副“穷酸样儿”。觉得愧对父母妻儿，一肚子委屈憋在心里，长此以往，健康出了问题，我在40多岁时患上了严重的神经衰弱症，严重影响到工作和正常的生活。当我意识到问题的严重性之后，就去看了心理医生，得到医生的建设性意见和忠告，我果断地调整状态。一段时间后，终于走出了的困境。我想在座的朋友可能有过我类似的情况，或正在经历这样的情况，我们需要做的是改变和调整。那么我们如何改变和调整呢？有什么样的方法呢？请大家接下来和我共同完成拓展训练一个个具有挑战性的任务，相信对大家一定会有所帮助。”

“师者，所以传道授业解惑也”。所以，拓展培训师这个“师”必须要开口“说”，否则拓展训练就变成普通的做游戏了，拓展培训师也变成了游戏操作师；但是，“师”要会说，不能瞎说，也不能说教，说教会引人反感的。所以，拓展培训师在“说”之前务必做足功课，把想说的话理清思路，写成教案，再反复推敲，没有漏洞了再去说。关于如何“说”学员才爱听，总结出六大原则，供大家参考。

（1）设身处地地说，不高高在上，目中无人。

（2）有理有据地说，不随意胡说，漏洞百出。

（3）故事一样地说，不矫揉造作，深奥难解。

（4）幽默风趣地说，不平铺直叙，枯燥乏味。

（5）激情四射地说，不兴味索然，文若病态。

（6）善用韵律地说，不技巧贫乏，千篇一律。

第二章

培训实施时的心理学方法

第一节
踢猫效应——怎样让自己紧张的心复归平静

心理学中有个小故事，讲的就是“踢猫效应”（见图 2–1）。故事是说，一个公司的老板，早上在家里被老婆骂，来到办公室仍然憋着一肚子火儿，下属来汇报工作，他劈头盖脑地把火儿撒在这位下属身上。下属也憋了一肚子气，下班回家，看到孩子在沙发上跳来跳去地玩耍，就把孩子臭骂了一顿。孩子委屈地离开，跑出家门，刚好看到家里的猫卧在门口，门口临街，孩子上去狠狠地一脚，把猫踢到街上。这时一辆卡车正好开过来，司机赶紧避让，却把路边的孩子撞伤了。

图 2–1 踢猫效应

为什么人有时会不理智地处理事情呢？这是因为他们当时大都处在某种压力之下。当人们有压力的时候，会反映在行为上，他们会通过某种行为把压力带来的不适感去除。如何减压呢？科学研究证明，此时人的身体需要一种叫作皮质醇的物质来维持正常的生理机能，如果没有皮质醇，我们的身体将无法对压力做出有效的反应。比如，有一头狮子从灌木丛中向我们袭来，我们顿时吓得目瞪口呆，身子动弹不得。然而，借由积极的皮质醇代谢，身体能够迅速地启动起来，做出逃走或者搏斗的反应。因为皮质醇可以释放出氨基酸、葡萄糖、脂肪酸等物质，这些物质被输送到血液里充当能量使用。当人体内的皮质醇水平较高，也会在情绪控制上出现过度反应，这就是人为什么会“发脾气”“闹情绪”，或是总是想找个人吵一架的内在生理机制。

“踢猫”故事告诉我们，人的情绪会受到环境以及一些偶然因素的影响，特别是受到强者（比如你的上司）情绪攻击或语言暴力之后，心里会产生压力，心情也随之变坏，表现为或生气或愤怒。这种坏情绪让人感觉心里特别不舒服，犹如气滞于胸，此时只有把这股“气”放出来，心里的难受才能缓解。这时，如果这个让他情绪变坏的人是他“惹不起”的人，他是不敢怒也不敢言，当无法回击时，这股“气”就会憋在心里，持续地让他难受。为了把这股“气”放出去，潜意识会驱使他选择向那些“惹得起”的人或弱者发泄。就像上面的故事一样，下属受了上司的气，不敢回击，就会去寻找自己的“出气筒”。这样一来，就会形成一条“怒气”的传递链条——向更弱者层层传递，于是便制造出众多的情绪受害者。踢猫效应在现实社会中是常见的，不论是在家庭中还是在工作场景中，在这个链条中强势的一方占据着“踢”的优势，而弱势的一方只能扮演“被踢”的角色。

在拓展培训过程中，“踢猫效应”也会经常出现。

拓展培训师也一样，也会遇到家庭纠纷，也有被上司无端指责的时候，如果你也憋了一肚子气来到学员面前，你会怎样表现呢？

当人们无端受到指责时，会有各种各样的反应形式，有的人会忍让，有的人会还击，也有人会把气撒在他人身上。

别人采用何种方式，都有他自己的度量，但无论如何要保持理智，莫让情绪冲昏了头脑。如果你是一个正在培训中的拓展培训师，你只有一个选择，那就是你必须成为“怒气”的终结者，而不是怒气的传递者。因为学员不是你的下属，也不是忍气吞声的弱者，如果你图一时之快把自己心中的怒气传递给他们，无端地指责训斥，甚至是更糟的行为，学员绝对不会像“猫”一样“逆来顺受”，对你不仅仅是反感，他们立刻就会“跳”起来，与你形成对抗。这样的局面一旦形成，那就注定了这是一次失败的培训，会引起很严重的后果：你的人品会遭到质疑，你的公司会有经济损失，你所在的拓展行业也会遭人诟病，因为你在参训学员面前的这种反应，相当于一场“商演”。你的一个不理智的行为，会导致不可预料的糟糕的连锁反应。

因此，培训师必须要有角色意识，你不可以认为这只是一份普通的工作，站在学员面前，你是他们仰视的师者。为人师表，你的形象代表的是你所从事的这个行业。你选择了这个行业，就要谨言慎行，不能给行业蒙羞。

要想避免踢猫效应的出现，需要提高个体的自尊，高自尊来自长期的修炼。

有一个案例。

在国外的一家餐馆里，一个顾客指着面前的杯子，对服务员生气地喊道：“服务员！你过来！过来看看你给我的牛奶，是过期变质的，把我的一杯红茶都糟蹋了！”

服务员走过来，连连道歉：“真对不起！我这就给您换一杯，稍等啊！”

服务员很快地把一杯新红茶端过来，杯子边放着新鲜的柠檬和牛奶。她把这些轻轻放在顾客面前，又轻声地说：“您好！我刚才疏忽了，没有给您个建议，如果放柠檬，就不要加牛奶，因为有时候柠檬酸会造成牛奶结块的。”

顾客一怔，说：“原来是这样啊，不好意思，错怪你了，是我不太清楚。”

旁边另一工作人员刚好看到这一场景，这个看热闹不嫌事大的“吃瓜群众”就对这个服务员说：“明明是他的错，自己没有搞明白，怎么把错揽在你身上呢？”

这位服务员笑着说：“如果我直接告诉他原因，他会觉得失面子，就有可能大吵一场，这不是我们想要的。换另外一种方式来处理这件事，责任在我们，他会觉得有歉意，何况我们应该为顾客考虑周全，做好服务。”

由此我们会得到这样的启示：在一个不友好的人际关系中，每个人都不愉快，都憋着一肚子的火儿，都随时准备找人发泄，身处这样的生活环境里，对任何人都没有好处，同样也会阻碍一个组织的发展。因此，不要傻呵呵地去做“怒气的传递者”，而要做一个智慧的“愤怒的终结者”。

作为一个拓展培训师，培训即将开始，无论在此之前你遇到了什么样的烦心事儿，情绪有多低落，怒气有多大，在上场之前都要进行情绪过滤，把不健康的情绪过滤掉，哪怕是暂时忘掉心中的不快，也不能把负面的情绪传递给学员。在上场之前，你要想想，你是一名“拓展培训师”，你代表的是这个群体，是这个行业。如果你不负责任地把坏心情传给别人，把气撒在学员身上，会引起学员强烈的反感，甚至是批评指责，那么影响的不只是你个人，整个拓展行业也会因你而受到影响。因此，请你为自己，也为行业的声誉终止愤怒的传递，把准备“踢猫”的腿收回来。

在多年的职业生涯中，我幸运的是，遇到了我的老师，是我在中组部培训中心工作时的主任，她引导我一步步走过培训最初的艰难阶段，无论遇到什么情况，从不做怒气的传递者。记得在一次培训的预备会上她嘱咐我们：“培训师的心要像水晶一样，没有杂质。”这句话深深触动了我，也成了我在以后培训生涯中的座右铭。

第二节
强势心理——以高能量的姿势激发你“最好的状态”

很多人都有“不在状态”的时候，尤其是那些做拓展培训没多久的培训师。我在初做拓展培训师时，也有这样的情况。记得我们上海分公司刚刚开业的时候，好不容易接了一个大单子，是眼力健公司的全员培训，我是主训师。当我来到台上，看到下面200多人安安静静、目不转睛地看着我，的确有点儿紧张。我大声地向大家问好：“‘健力宝’的朋友们，大家上午好！”话一出口就意识到错了，可能很多学员还没有反应过来，我已经趴在地上以20个俯卧撑，向客户们表示歉意了。

还有一次是北京大学EMBA班200多个企业家在北京参加拓展训练，主训老师是北京学校的校长。在做培训总结的时候，他让所有的带队老师上台，并让这些培训师面向学员站成一个横排。然后他面对台下的企业家们说：“我们所有培训师对大家在培训过程中的配合和支持表示感谢，给大家鞠个躬！”说完，他带头一鞠躬、再鞠躬、三鞠躬。三鞠躬之后，整个会场一片哗然，嘈杂如菜市场。

也难怪他，这么重要的机构，这么多声名显赫的企业家，这么大的规模，压力可想而知。

当诸如此类的事情发生后，很多人的评价就是“不在状态”。其实这是我们每个人生活中常有的事。大家回忆一下，在你的生活中是不是有在处理人际关系的紧要关头，说错话、办错事的时候？当这样的事情发生了，连我们自己都会感到奇怪：“我今天这是怎么了？”“怎么就说出这样的话呢？”“平时我不会这样啊？”“我当时完全可以有更好的方式，如果当时我……这样表达就好了，怎么就没想起来呢？”深深的遗憾、失望、自责，甚至羞辱感，在你的心头久久挥之不去，甚至十几年过去了，当你回想到这件事的时候依然有羞愧的感觉。

事实上，这种事后的真知灼见，是一种思维短暂受阻并能很快恢复的现象。心理学家研究发现，在较大压力的环境中，如果因为担心自身的表现不佳而分神，我们对环境的应对能力就会明显下降。

这是每个人，包括卓有成就的人都会遇到的生活场景，应该说这是正常的现象；但是，如果你是一个拓展培训师，一个担负着责任的人，或是做某种重要工作的人，就必须要想方设法地避免这种“不在状态”的情况发生。

因此，一个拓展培训师在开始培训前要有意识地调整自己的状态，让自己的表现在学员面前发挥到最好而不留遗憾。那么，要呈现最好的状态，有什么方法和技巧吗？

心理学的最新研究成果表明，有方法或技巧能帮助人们很好地解决这种“不在状态”的情况，或者说帮你呈现“最好的状态”。

哈佛大学商学院教授埃米・卡迪，毕生致力于研究非语言行为对人们心理的影响，她做过《用肢体语言塑造你自己》的演讲，视频观看量近 5000 万人次，被列为“世界经济论坛全球改变世界 50 强女性”和“世界经济论坛年轻全球领袖”之一。

埃米・卡迪认为，人有一种力场，叫作“存在力”，存在力使我们能够领会并能够自如地表达我们真实的想法、感受、价值和潜能。它源于你对自己的情感、信念、价值和能力的深信不疑。

然而，每个人身上的存在力强弱不同，当我们感觉个人力量强大的时候，存在力就显现出来，它让我们敏锐地察觉到自身最真实的感受。在强势的心理状态下，即使身处让我们感到有极大压力和无助的环境中，我们也能保持存在力。这种存在力将帮助我们在承受巨大压力时不再焦虑、害怕、恐惧，不必再带着遗憾、怀疑和挫败感离开。

存在力强大的人，会表现出各种吸引人的特质，比如热情、平和、表里如一、值得信任、自信而不自负等。

我们怎样才能获得这种存在力呢？埃米·卡迪认为，存在力可以通过自我助推，逐步调整肢体语言和心态，即通过自我引导来获得。从某种程度上来讲，就是让你的身体来引导你的想法。

研究发现，社会上一些有地位的人，或是成就高的人，他们体内的优势激素含量较高，但这种激素水平也不是越高越好，强势心理（良好心理）的获得也需要压力激素的配合。压力激素就是皮质醇。因此，希望拥有强势心理（良好心理）的人，需要高水平的优势激素与低水平的压力激素的共同配合。

埃米·卡迪和她的助手们做了大量姿势影响肌体行为（见图 2–2）的实验，结果证明：实验中摆出高能量姿势的人，他们的优势激素水平上升了 19%，皮质醇水平下降了 25%；相反，那些在实验中摆出低能量姿势的人，他们的优势激素水平了下降 10%，皮质醇水平上升了 17%。所以，要想获得好的状态，你必须做出高能量的姿势，即“不是因为我快乐我才唱歌，而是因为我唱歌了，所以我快乐了”。

图 2–2　影响肌体行为的姿势

答案有了吧？

当我们在进入具有挑战性的环境之前，要使用高能量的姿势来获得强势心理。高能量的姿势更多的是扩展性的姿势，也就是身体呈现打开的状态（见图 2–3），这些姿势如果再配合成功的意念和高声呼喊，效果会更好。

图 2–3　扩展性的姿势

从心理学的角度来讲，当一个拓展培训师要开始培训工作的时候，最重要的不是关注那些培训的知识、技能和方法等内容，而是应关注此时的心理状态。如果状态不好，就很可能呈现出弱势心理，导致一系列消极的行为，如恐慌，讲错话，做错事，等等。因此，一个拓展培训师在开始工作前，也就是在和学员初次见面之前，必须要调整自己的状态，让自己第一次出现在学员面前时能够呈现出最好的状态，以强势、控制力、自信等行为表现营造出一个强大的气场，从而获得此次培训的第一个好评。最简单的方法就是，用一两分钟时间，找个没人的地方，像大猩猩一样捶胸顿足地喊两声，或是高唱几句励志歌曲，状态就来了。

第三节
阿伦森效应——面对团队的表现，培训师是褒是贬

拓展训练是20世纪末在中国出现、21世纪初全国流行的一种独特的成人教育方式，又被称作体验教育。它与传统教育有显著的区别：传统教育一般是老师说、学生听，老师讲、学生记，老师出考卷、学生作答；拓展训练则是在做中学，培训师按照培训需求，设计好一个个情景模拟的任务，安排学员团队去完成这些任务。那么问题来了，既然是任务，就有“完成”和“没有完成”两种结果。

作为一个刚刚组成的团队，学员在最初完成任务的时候一定会有不恰当的行为，导致完不成任务，那么拓展培训师对学员这样的行为表现该做出怎样的反馈呢？是表扬还是批评？是表扬多一点还是批评更多一点？

为了获得理想的培训效果，我们应该掌握恰当的反馈方式。

阿伦森是美国著名的心理学家，他就“行为反馈”做了一个实验。他将参加实验的人（被试）分为四组，让他们以不同的方式对某个人（我们叫他小A）进行评价，借以观察这个人（小A）对哪一组最具好感。

第一组：对小A褒奖有加（没有批评）。

第二组：对小A贬损否定（没有表扬）。

第三组：对小A先褒后贬（先表扬，后批评）。

第四组：对小A先贬后褒（先批评，后表扬）。

此实验对数十人（小A、小B、小C……）进行评价之后，发现他

们中大部分人对第四组最具好感，而对第三组最为反感。

由此阿伦森得出结论：人们大多喜欢那些对自己持赞赏态度或有褒奖行为，并且这种态度或行为呈“递增”状态的人或事，而反感上述态度或行为呈“递减”状态的人或事。为什么会这样呢？主要是因为被评价者内心的挫折感。比如，一名大学生毕业后到一家企业工作，刚来的时候，积极主动，眼里有活儿，因此不断得到领导和同事的夸奖。日子一长，由于工作压力、绩效指标和人际关系等原因，慢慢地，领导的表扬没了，同事的夸赞也少了，这时他会感到不自在，感到孤独，由此产生挫折感和不安全感，工作积极性大受影响，完全没有初来时的那股干劲了。

这就是“褒奖递减”的作用。从备受褒奖，到小的赞赏，再到没有赞扬，这种“褒奖递减”会导致一个人产生挫折心理，从而影响到他的行为，进而出现“不想干或不愿干”的消极反映。

阿伦森这个重要的发现被有效地应用在管理上。由于阿伦森的贡献，这个“褒奖递减”效应被人们称之为“阿伦森效应”，如图 2–4 所示。

图 2–4　阿伦森效应的实验

阿伦森这个实验的结果，给了我们很大的启示：拓展培训师在带领学员培训的过程中，给予学员行为反馈最好的方式就是“先贬后褒（先批评，后表扬）”。因此，拓展培训师在培训的初、中期阶段，当学员在完成任务的过程中，团队出现一些问题，或是出现一些负面、消极的行为时，要有理有据地指出来。你不必言辞激烈，但一定要具有批评的效果。到了培训结束的阶段，也就是在面对最后一两个挑战任务时，要通过培训技巧，让整个团队能够成功地完成任务，这样你就有理由给团队做出正面、肯定的评价，也就是对每个学员的进步与成长做出真心的夸赞和表扬。

特别值得警惕的是阿伦森实验中第三组的行为反馈，也就是“先褒后贬（先表扬，后批评）”的方式。因为实验的结果告诉我们，这种方式让人最反感。在拓展培训中常常会有这种情况，团队在完成最后一个挑战任务时，因某种原因失败了。发生这种情况，在总结时拓展培训师怎样来做反馈呢？是批评还是稀里糊涂地不做评价？事实上，这两种反馈方式都不好。如果是批评的话，实验的结果是“最令人反感”的；如果不做反馈呢，这次培训就缺少了重要的一环，更不好。

美国的心理学家赫洛克（E B Hunlock），也做过一个类似的实验，但与阿伦森实验有一点区别。他把被试同样分成四个小组，让他们在四种不同的诱因下完成任务。

第一组为表扬组，每次工作后予以表扬和鼓励。

第二组为受训组，每次工作后严加训斥。

第三组为被忽视组，不予评价，只让其静听其他两组受表扬和被批评。

第四组为控制组，让他们与前三组隔离，不予任何评价。

结果工作成绩显示：前三组均优于第四组控制组，受表扬组和受训组明显优于被忽视组，而受表扬组的成绩不断上升。这个实验表明：及时对工作结果进行评价，能强化工作动机，对工作起到促进作用。适当表扬的效果明显优于批评的效果，而批评的效果比不予任何评价的效果要好。

赫洛克这个实验告诉我们，即使最后的批评引起了团队的反感，也比没有任何反馈好，因为批评至少是负激励，对团队的进步是有帮助的；而没有任何反馈会让学员心里不安，他们会产生“我们究竟做得怎么样呢”这样的疑问。培训师越是不说，学员就越是想知道，得不到答案，就会特别地失望和沮丧。

我曾经在基地观察过一个年轻的培训师（二十来岁的样子）对学员的行为反馈。当时他正在带领一队学员做一个高空挑战的任务——空中单杠，我站在他身边不远的地方，想看看他带领学员做完这个挑战任务之后，会和学员分享一些什么，结果让我有些失望。当最后一个学员完成任务之后，他对围在他身边的学员只说了一句话：“接你们回城的车在院子外边的停车场上，明天是中秋节，祝大家节日快乐！”十几个学员也喊着“老师节日快乐”跑向了停车场。我心里觉得奇怪：“就这样结束啦？”

这位年轻的培训师对学员在完成任务过程中的表现没有任何评价和反馈，这样的行为使拓展训练的教育意义大打折扣了；同时，也让参训学员以及他们的领导对拓展训练产生了错误的认知，他们会认为：“这就是拓展训练呀，到底有什么作用呢？”

这就是没有行为反馈引起的“灾难性”后果！

如何避免“先褒后贬”和“没有反馈”这两种情况发生呢？这就需要培训师运用拓展培训的技巧。第一个要点是，挑战任务的设计安排必须是“从难到易”。培训初、中期若干个挑战任务的难度指标都必须在四星以上（此标准参阅《体验式培训全案》第一卷），这个难度对一般初建团队来说几乎是无法完成的。之后，通过任务总结分享阶段的讨论分析，发现失败原因，找到改进方法，并运用到下一个挑战任务的实践中，这个过程就是寇伯的成人“经验学习圈”方式。通过几次这样的学习循环，团队的进步会非常明显。到了最后一个挑战任务时，难度指标一定要降低，三颗星比较合适，目的是让学员一定要完成任务，以便得到团队建设的成果。有了这个成果，培训师才可以顺理成章地褒奖团队。第二个要点是，如果最后一个挑战任务，培训师感觉对团队来说还是有点难了，那就及时给予团队完成任务的各种便利，也就是“放水”，目的还是要结果，但是这个“水”放得要“艺术”，不要太直接，尽量不让学员觉察。可以给他们一些建议或提示，或者是在最关键的时刻给他们一些力量，四两拨千斤，比如“毕业墙”。

当然，还有比这两种反馈更糟糕的情况，就是“蘑菇定律”所描述的职场新人状态。

> 蘑菇定律，通常是指初入社会的人，在工作中不受重视，整天跑腿打杂，还要像蘑菇一样经常被浇大粪，即接受各种无端的批评、指责，或代人受过，得不到指导和提携，像蘑菇一样，在阴暗潮湿的角落里自生自灭。

“褒奖递减”这样的挫折，一般人只是心里不好受，但还能平静地承受。继之不被褒奖反被贬低，挫折感会陡然上升，这就不大被一般人所接受了。递增的挫折感很容易引起人的不悦及心理反感。如果一个人不能正确地看待当“蘑菇”的这种状态，就会更加消极懒散，引起领导和同事更多的批评指责，继而加重他的挫折感，行为也越消极，因而陷入恶性循环。

当然，这是大多数职场新人必然要经历的阶段，拓展培训师可以把“蘑菇定律”用在培训总结分享时对学员的忠告，但是万万不可以在培训过程中把学员当作“蘑菇”，对他们在完成任务过程中的行为表现不断地批评指责，这种“贬损递增”的方式会让学员的心理不断受挫，从而导致他们对团队建设失去信心，也会引起他们对培训师的反抗（挑战你的观点，怀疑你的人品），甚至抵制学习的情况发生。

第四节
边际效用法则——为什么培训师不能总说一个事

我们都听过这个故事。

明朝开国皇帝朱元璋在打天下的时候，一次打了败仗，连夜逃跑。当时正值冬季，下着大雪，朱元璋逃到一个农户家里，几天没吃东西了，又饥又饿。农妇见状，把自己家仅有的冻白菜帮子和一点冻豆腐，还有捡来的土豆，一起放到锅里炖了，端给朱元璋吃。朱元璋饥饿至极，见到热乎乎的食物端到面前，于是狼吞虎咽，把一锅的乱炖都吃光了。吃饱之后，顿时觉得浑身暖和过来，恢复了精神，感觉这辈子还没有吃过这么好吃的东西，就问："这锅里的是什么，这么好吃？"农妇不好直接说，就说："是我们经常吃的东西，叫珍珠翡翠白玉汤。"后来，朱元璋做了皇帝，衣食无忧，享尽山珍海味，天天这样吃，实在是腻了，觉得没有胃口。一日，他忽然想起了当年落难之时那次吃的又香又可口的"热粥"，于是昭告天下，终于找到当年给他热饭救命的那家人。农妇按着吩咐为朱元璋又做了一锅"珍珠翡翠白玉汤"，可是他看到这锅乱炖，尝了一口，觉得实在难以下咽，再也吃不出当年的那个味道了。

为什么会这样？

这就是经济学中边际效用递减法则起的作用。经济学家认为，在一定时间内，在其他商品的消费数量保持不变的条件下，随着消费者对某种商品消费量的增加，消费者从该商品连续增加的每一消费单位中得到的效用增量即边际效用是递减的。

例如吃包子，一个饥肠辘辘的人吃第一个包子时，感觉这包子太好吃了，接下来他会发现，每吃一个包子，这种“太好吃了”的感觉就在减少，等到吃撑了，这种感觉会完全消失。这就是“效用递减”法则，也是朱元璋再尝珍珠翡翠白玉汤失望的原因。

当我们了解了“效用递减”法则，就知道为什么我们在做拓展培训时不能总说一件事、总讲一个道理了。我在《做最好的拓展培训师》一书中给拓展训练下过一个定义，即“拓展训练就是团队训练”。然而，在整个培训过程中，如果拓展培训师每时每刻都在讲团队、讲合作、讲团队精神、讲凝聚力这些东西的话，学员会有什么感觉呢？

第一次讲的时候学员会强烈地认同，第二次讲的时候学员会感觉“是这个理儿”，第三次讲的时候学员可能就没有什么感觉了，当学员第四次听到的时候，就味同嚼蜡了。这就是“效用递减”法则在起作用。

初入行的年轻拓展培训师会问：“既然‘拓展训练就是团队训练’，那么我不讲团队，讲什么呢？”你可以讲打造高绩效团队的方法，这比一遍遍地喊“团结、协作、凝聚力”这些口号效果要好得多。

打造高绩效团队不是一件容易的事。每个人都知道团结的重要性，可是每个组织内部都会有不团结的现象，因此，对员工的教育培训是企业和各类组织的需要，这也正是拓展训练这种形式的意义所在。同样，每个学员都知道团队的功能是“1+1>2”这个道理，但是在完成挑战任务时，没有几个团队能够有高绩效团队的表现。经典的团队建设理论认为，高绩效团队有八大特征：共同目标、相互信任、专业技能、信守承诺、良好沟通、妥协让步、领导效能、内外资源。在培训中能把这八条都做到位的团队是凤毛麟角，为了打造一个高绩效的团队我们有太多的东西可讲，而讲的道理也绝对不会重复，因为一个由陌生人组成的团队要做到团结紧密、配合默契，是有相当大的难度的，他们在完成任务的过程中总是会犯这样那样的错误。出错怎么办？事实上，出错并不可怕，可怕的是他们不知道自己哪里错了，错的原因是什么，那么此时作为拓展培训师——高绩效团队的塑造者，就应该向学员说清楚。

做个比喻，我们拓展培训师就像是早些年代修理木桶的匠人，如图 2–5 所示。

图 2–5　修理木桶

一个匠人，要确定该修理的木桶哪里漏水，是不是先要把木桶倒满水，然后观察它哪里漏水？有几处漏水？之后确定是什么原因导致它漏水？是木板糟朽了，还是木板之间的缝隙大了？是因为磕碰木板错位了，还是被老鼠咬破了或是铁箍松了？经过认真检查和分析，原因确定后就可以针对漏水的那个部位进行修补了。

参训团队就好比这个木桶。如果不漏水，说明这个桶工作机制良好，即是可以完成任务的团队；如果漏水，就代表这个团队无法完成任务，需要修理。拓展培训师就是修理木桶的匠人。培训师的职责就是敏锐地觉察到团队（木桶）的现状，也就是目前存在的问题，并找出问题的原因。这个团队精神涣散，可能是领导管理能力偏弱；团队成员间凝聚力不强，可能是糟糕的沟通导致了误会和冲突；团队效率低下，可能是缺乏时间管理的知识和技能而浪费了宝贵的时间；团队完成任务的质量不高，可能是不懂决策的技巧方法而做出低质量的决策；还有可能是执行力缺乏，创新思维不够，对细节不够关注，等等。

拓展培训师要帮助团队解决的问题，事实上都是日常工作中学员经常遇到的问题。比如，如何正确决策？领导者 / 管理者正确的思维和行为方式是什么？在工作中，每个人应该如何保持良好的心态并运用沟通技术有效地沟通？为什么要学会高效的时间管理？提高产品（工作）质量的方法有哪些？

这些内容实际说的都是团结和凝聚力，每一个问题及其解决都与打造高绩效团队有着密切的关系。因为团队只有解决了内部的这些问题，才可以成为一个有战斗力的高绩效团队。按照这样一个团队建设的设计思想实施培训，我们就可以有效地避免边际效用递减法则，避免效用递减给培训带来的不利影响。培训师给学员的感觉就是：每一次任务之后的总结分享会上培训师所讲的道理（或观点）都是新鲜的，如同吃第一个肉包子，直到培训结束，他们都会意犹未尽。这才是一个高水平的体验式培训师应该追求的目标。

第五节
布里丹毛驴效应——别让学员成为倒霉的“毛驴”

布里丹是一名大学教授，他的闻名于世主要在于他证明了一个命题，即在两个相反而又完全平衡的推力下，要随意行动是不可能的。他举的实例就是，一头驴在两捆等量的、平衡的草堆之间进行选择，既然驴没有理由选择吃其中哪一捆草，那么它永远无法做出决定，最后只能饿死。这就是布里丹毛驴效应，如图 2–6 所示。

图 2–6　布里丹毛驴效应

故事是这样的。

布里丹养了一头小毛驴，他每天要向附近的农民买一堆草料来喂它。这天，送草料的农民出于对教授的敬仰，额外多送了一堆干草。这下子，毛驴站在两堆干草之间，可为难坏了。

虽然它享有充分的选择自由，但由于两堆干草完全一样，都是它平时喜爱吃的，无法分辨优劣。于是它左看看，右瞅瞅，始终无法决定究竟该选择吃哪一堆好。这头可怜的毛驴就这样站在原地，一会儿考虑这一堆数量大，一会儿考虑那一堆质量好，一会儿分析这一堆颜色好，一会儿分析那一堆更新鲜，犹犹豫豫、反反复复，在无所适从中活活地饿死了。

在拓展训练中，我们经常会遇到这种毛驴效应，这个心理现象给了我们一个重要的启示：如果不能恰当地处理问题，学员就会像这头倒霉的毛驴一样深陷犹豫不决的两难境地。分析其原因如下。

其一，毛驴之死原因之一是可选项多。

拓展训练同样可以有多个目标，但在一次培训中，是多个目标好，还是少目标好呢？应该是，目标少一点好。拓展训练的确有很多功能，如团队建设的功能，挖掘个人潜能的功能，锻炼身体的功能，旅游的功能，等等，但是我们在课程设计的时候，最好只给学员一个目标，因为在短短的一两天的时间里，如果设立多个目标的话，其结果就是实现每个目标的努力都不充分，因而会导致较差的培训效果。

举个实例，我接触过一个客户林总，她是某上市公司的高级管理人员，要我们出一个给高管团队做拓展训练的方案。我要她把他们的培训需求，也就是通过此次培训想要达到的目标告诉我，我们根据需求来设计方案。

过了几个小时，她在微信上告诉了他们的需求：“是管理层的拓展，主要是提高部门负责人之间的协调力，锻造一支有活力、有干劲、有凝聚力的虎狼之师。”这个要求可谓很高了，短短两天的时间把高管团队打造成一支“虎狼之师”，真不是一件容易的事。

下了很大功夫策划出一个感觉勉强可以达到目标的设计方案，给到客户不久，反馈就来了。这位林总说：“是不是所有时间都在做拓展训练呢？建议还是给大家留出一些放松愉悦的时间吧。”

看来我们对他们的培训需求调查得并不准确，我便回复："请您把需求再细化一下，我们把两天时间分成四个半天，你们来决定培训时间怎样分配。"很快她就回复了："建议拓展训练和学员放松时间各半吧。"

我瞬间就明白了，"打造虎狼之师"并不是此次培训的唯一目标，"放松愉悦"也是此次高管团队培训的目标之一。这就是我们可爱的客户常有的行为，在有限的时间里，追求多个目标。

我们经常遇到客户提出这样的意见：拿出两天的时间去拓展，用一天的时间做拓展训练以加强团队精神，用大半天的时间找个景区去玩一玩。如果这样实施了，最后的结果就是，团队建设的力度不够，有如隔靴搔痒，没有解决实际问题，景区的游览也是走马观花，学员也没有玩得开心，结果哪个目标都没有达成。为了真正地帮到客户，我们培训工作者要明白"毛驴之死"的原因，并负责任地把其中的利害关系讲给客户，因为大多时候客户没有真正地明白这个道理，总想花最少的时间、最小的成本，收获更多一点儿。这是人的正常心理，但实际上如果两个目标都没有达到，岂不是这次培训无论时间还是成本都损失了？因此，我们拓展培训师有责任、有义务帮助客户摆脱"毛驴困境"，也避免"毛驴之死"。

其二，毛驴之死的另一个原因是它太理性了。

其实，决策时应该追求实效，而不是完美。拓展训练中需要团队成员共同完成的每一个任务都是在考验团队的决策能力。一个团队决策质量高，他们的任务就完成得又快又好；反之，就可能完不成任务。做出一个高质量的正确的决策需要多种技术和能力的支持，其中之一是领导者的决断力。我们经常看到团队在解决一个问题时有两种观点相持不下，最典型的就是"红黑商战"的任务。团队只有两个选择：完成"红"的任务，或完成"黑"的任务。出"红"，还是出"黑"？无论选择出什么都与团队的生存和利益密切相关。这时的队长就好像那头毛驴，听听要出"红"的队员，讲得很有道理，再听听选择出"黑"队员，他们的说法感觉也很有道理。于是这头“头驴”左看看，右看看，拿不定主意去哪一边“吃草”了。

相信这是每个人在自己的生活和工作中都会遇到的问题，大家经常会面临各种抉择，如何抉择，有时与你的人生成败得失关系极大。人们都希望做出最佳的抉择，常常在抉择之前反复权衡利弊，再三斟酌，甚至举棋不定，但是在很多情况下，机会稍纵即逝，并没有留下足够的时间让我们去反复思考，反而要求我们当机立断，迅速做出决策。如果我们犹豫不决，就可能会最终两手空空，一无所获。

从前，有兄弟两个看见天空中一只大雁在飞，哥哥准备把它射下来，他对弟弟说：“等我把它射下来就煮着吃，一定会很香的！”弟弟摆摆手说：“你真不懂，大雁要烤着吃才好吃，鹅才是煮着好吃！”哥哥听到弟弟的话，把弓放下，就如何吃这只大雁犹豫起来。这时，有一位老农从旁边经过，他们就向老农请教。老农听了兄弟二人的话笑了笑说：“你们把雁分开，煮一半烤一半，自己一尝不就知道哪一种方法做出的雁更好吃了？”哥儿俩都觉得有道理，哥哥赶快举弓射雁，可哪里还有雁呢？

其实解决这个问题很容易，美国经济学家、管理学家西蒙教授早就告诉我们，我们所做的决策是“有限理性”决策。心理学对人的思维进行研究，认为人在利益面前是非常“理性”的，比如这头毛驴，它一定要把两堆草哪堆更好，理性地分析清楚后再行动。西蒙认为，由于收集的信息是有限的，备选的方案是有限的，评价方案正确性的依据是有限的，做决定的时间是有限的，所以人们不可能以“纯理性”的思维去做出最优的决策，否则会带来损失（甚至像那头毛驴一样被饿死），而是用“有限理性”的思维去做出一个满意决策即可。他说：“我们要找一根针来缝衣服，我们知道有人在前面的草地里撒了几十根针，那么，我们只要在那里找到一根可以完成任务的针就行，而不是一定要找到最尖、最硬、最新的那根。”

因此，在培训中学员出现了“毛驴”的困惑，并且影响到决策的速度和质量的时候，讲给他们“有限理性”决策的思路吧！

其三，毛驴之死还因为贪心。因为两堆草都想吃，舍弃哪一堆它都不愿意。

《聊斋志异》中有这样一则故事：两个牧童进深山，入狼窝，发现两只小狼崽。他俩各抱一只分别爬上大树，两树相距数十步，片刻老狼来寻子。一个牧童在树上掐小狼的耳朵，弄得小狼“嗷嗷”直叫，老狼闻声奔来，气急败坏地在树下乱抓乱咬。此时，另一棵树上的牧童拧小狼的腿，这只小狼也连声嗷叫，老狼又闻声赶去。两个牧童轮换着让小狼发出叫声，老狼就不停地奔波于两树之间，最终累得气绝身亡。老狼之所以累死，原因就在于它企图救回自己的两只狼崽，一只都不想放弃。实际上，只要它守住其中一棵树，至少能救回一只。

另一个小故事：农夫布置了一个捉火鸡的陷阱，他在一个大箱子的里面和外面都撒了玉米粒，大箱子有一道门，门上系了一根绳子，他抓着绳子的另一端躲在一处，只等火鸡进入箱子，他就拉扯绳子，把门关上。有一次，12 只火鸡进入箱子里，不巧有 1 只溜了出来，他想，等那只跑出去的火鸡回来后再关门。然而就在他等那只火鸡回来的时候，又有 2 只火鸡跑出来了。此时箱子里就剩下 9 只了，他想等这两只火鸡回来就拉绳子。可是在他等待的时候，又有 3 只火鸡溜出来了。最后，箱子里 1 只火鸡也没剩。

孟子说：“鱼，我所欲也；熊掌，亦我所欲也。二者不可得兼，舍鱼而取熊掌者也。”

老狼累死也没救下一只狼崽，农夫费了那么大的劲儿也没逮住一只火鸡，都是因为，这个也舍不得，那个也舍不得，就像股市里一些傻傻的股民，不懂得止损，所以经常被套得牢牢的。

古人讲：“两害相权取其轻，两利相权取其重。”当事情已经发生了，需要做的就是果断决策，立刻行动，不要像布里丹的毛驴那样犹豫不决，丧失机会就好。一个人有一只表的时候他可以很容易地确定时间，如果有两只表的话就难办了。

第六节
超限效应——为什么唐僧总是招人烦

“超限效应”来自美国著名作家马克·吐温的一次经历。他去教会听牧师的募捐演讲，最初感觉牧师讲得非常好，讲过一段精彩处，他想，如果这时结束，他就立刻捐一大笔钱。10 分钟后，牧师还没讲完，他不耐烦了，决定只捐些零钱。又过了 10 分钟，牧师还没有讲完，他决定不捐钱了。牧师终于结束演讲，开始募捐时，被耽误了太多时间的马克·吐温很不高兴，最后，他不仅分文未捐，还从盘子里拿走了 2 元钱。他认为，这是浪费他宝贵时间的补偿。

由于刺激过多、过强，或作用时间过久，从而引起极不耐烦、极不舒服的心理，这种现象叫作“超限效应”。大家可能记得，上个世纪末，有一部让当时的年轻人非常喜爱的电影《大话西游》，其中刻画了一位把“啰唆”表现得淋漓尽致、登峰造极的唐僧形象。因为他的啰唆，把好动的大徒弟孙悟空折磨得痛不欲生，恨不得要杀掉师父。那么我们来看看唐僧都啰唆了些什么？

“哎呀，悟空你也真调皮呀！我叫你不要乱扔东西嘛！乱扔东西是不对的……你看我话还没说完，你怎么把棍子也扔掉了？月光宝盒是宝物，乱扔会污染环境的，砸到了小朋友怎么办？就算砸不到小朋友，砸到花花草草也不好嘛……你干什么？哦，你想要啊？想要你就说嘛，你想要我当然会给你的，你想要我当然不会不给你的。不可能你想要而我偏不给你，你不想要我又偏要给你，大家讲道理嘛！现在你说清楚，你到底想不想要……

“On-ly-you —！别怪师父叨叨叨；戴上金箍儿，别怕死，别颤抖；背黑锅我来，送死你去，拼全力为众生！牺牲也值得……

“悟空，你尽管捅死我吧，生又何哀，死又何苦，等你明白了舍生取义，你自然会回来跟我唱这首歌的……”

唐僧的这些“啰嗦”里，一无谩骂指责，二没讽刺挖苦，三不栽赃陷害，反倒是态度友好，充满了对孙悟空的关心和怜爱。可是，偏偏一句话就可以说清楚的事儿，他用了几十句来反复地表达，远远超出了孙悟空能够对语言的承受力，唐僧的关心、关爱就变成了杀伤力极强的“武器”。这是一个让人煎熬、痛苦，且怒火慢慢积累的过程，直到孙悟空忍无可忍，最后爆发了——一拳将唐僧打倒。

“你有完没完啊！我已经跟你说过我不行了，你还要 On-On-！ On-On-！完全不理人家受得了，受不了，你再 On，我一刀捅死你！”

当然，孙悟空并不是真想杀死师父，是他实在痛苦难忍。可能很多人觉得，至于吗？不就是对你多说了一些话吗？大家可能不知道，在人际交往，面对矛盾冲突时，语言的伤害有时候甚至比其他“武器”对身体的伤害都要大。通常发生的肢体冲突，比如打架，一般不会造成太大的后果，但语言的打击，有时会引起灾难性的后果，因为“动手，疼在身上；动嘴，疼在心里”。当语言扰乱了心智，会让情绪失控，此时可能会做出不理智的行为。孙悟空是齐天大圣，是出了名儿的捣蛋鬼，天王老子都不放在眼里，如此“扼杀”天性，实在让他忍无可忍。再看这一段，唐僧对身边的小妖怪语言施暴的杀伤力。

“人和妖精都是妈生的，不同的是，人是人他妈生的，妖是妖他妈生的……你妈贵姓啊？所以说，做妖就像做人一样，要有仁慈的心，有了仁慈的心，就不再是妖，是人妖……”

小妖是躲又躲不开，打又打不得，忍又忍不住，直气得当场吐了白沫，气绝而亡。

当然，这是电影。类似的描述，在文艺作品里面有很多。比如：诸葛亮骂死王朗、气死周瑜，吕秀才说死姬无命，等等。古人讲：“舌上有龙泉，杀人不见血。”

为什么说话会对听话者有这么大的杀伤力呢？为此，专家做了认真的研究。美国密歇根大学的伊森·克罗斯博士的一项实验表明：当一个人受到语言暴力攻击时，他“情绪疼痛”在大脑区域的反应和“身体疼痛”极为相似，神经系统能体验到几乎相同级别的疼痛。也就是说，当一个人被说教、训斥、指责甚至是辱骂的时候，情绪上遭受的创伤和身体受到的伤害其疼痛程度不相上下！因此，听话者就会有字字锥心的感觉。此外，哈佛大学医学院马丁·泰彻博士发现，语言暴力能改变大脑的结构，因为语言暴力最容易影响大脑区域里的胼胝体（主要负责两个大脑半球间传递动机、感觉和认知信息的区域）、海马回（负责管理情绪的大脑区域）和前额叶（负责思考和决策的大脑区域）的构成。这个发现对于儿童来说格外重要，因为儿童的大脑尚处于发育中，若他们总是生活在苛责、严厉批评的环境中，他们的大脑为了适应环境会发育成“求存模式”的结构，从而形成懦弱自卑型人格。因此，语言暴力对未成年人伤害最大，很多家庭的不幸一部分是源于父母的语言暴力。

语言暴力的表现形式有多种，在拓展培训中常见的就是废话连篇，培训师自顾自地说个不停。

我在从事拓展训练的初期，也犯过这样的错误，“超限效应”给了我一个深刻的教训。那是 1998 年春天，给民航计算机中心的员工做两天一晚的拓展训练。这是一个很重要的客户，也是一个高素质的团队，学员热情高、能力强、态度好，在完成最后一个任务——毕业墙的时候，居然是一个女孩儿最后一个上，她用了一个正面站立，拉住倒挂队员的双手，然后收腹直到把两条腿伸到上面，头朝下了，这样一个杂技一样的漂亮动作，干脆利落地就上去了，看得我们目瞪口呆。这样一个重要的客户，我当时想，我是主带培训师，我一定要在培训结束时给他们一个高水平、有深度的培训总结。我是真的用心了，写了一篇有理有据的培训总结发言稿并把它背了下来。培训总结，我预计要用两个多小时，而我最后的总结发言需要一个多小时。总结开始了，我从各队的训练表现点评，到经典团队建设理论的讲解，再到一些队员的优秀表现，说个不停。就在我滔滔不绝的时候，我看到他们的组织者——党委书记，在椅子上晃来晃去，如坐针毡，还时不时焦急地看看窗外和手表。最后，他大概是真的急了，派人给我送了一个纸条，说他们还要赶到顺义一个培训地点，有其他的安排，时间很紧了，要我快点结束。我只好结束，最后送别学员的时候，他们那个党委书记很客气地对我说："讲得没错，就是时间太长了。"

这就是"超限效应"产生的结果。后来，学习了心理学，我才知道，造成"超限"的原因在于以自我为中心，没有注意方式、方法，没能注意"度"的把握，没有换位思考。完成培训，这个时候大家是归心似箭，很多人可能已经安排好自己下一步要做的事情，你打乱了他们的计划，扰乱了他们的时间安排，你说得越多，他们越是烦躁，你讲得再好也不会收到好的效果，甚至会产生消极的结果。所以，以后我的总结发言就是送两句话，讲两个哲理小故事，做一个行胜于言的小游戏，不超过 20 分钟，效果最好。

"超限效应"同样可以用在管理上，如果一个员工犯错，你只需要批评一次就够了，千万不要一遍遍地说，说多了一定会引发员工的逆反心理，导致不利的后果；教育孩子也是同样的道理。

第七节
刺猬法则——你准备与学员建立什么样的关系

刺猬法则说的是这样一个十分有趣的现象：在一个寒冷的冬季，两只困倦的刺猬因为天气寒冷而靠在一起，相互取暖，但是由于它们各自身上都长满了刺，紧挨在一起就会刺痛对方，无法安睡，因此两只刺猬就离开了一段距离，可是又实在冷得难以忍受，不一会儿就又靠在了一起。如此折腾了好几次，最后它们终于找到了一个比较合适的距离，既能够相互取暖又不会被扎疼。

刺猬法则在拓展训练中意味着什么呢？这个法则告诉我们，拓展培训师在处理与学员的关系时必须把握好度，既不可太远，也不能太近，因为人与人在交往中存在着一个“心理距离效应”。

心理学家做过这样一个实验：在一个刚开门的大阅览室中，里面仅有一位读者，这时心理学家便进去坐在他 / 她身旁，来测试他 / 她的反应。被测试者不知道这是在做实验，大部分人都是快速地默默地远离这个人，到别的地方坐下。还有人干脆明确地说：“你想干什么？”这个实验一共测试了 80 个人，结果都相同，于是他们得到了这样一个结论：在一个仅有两位读者的空旷阅览室中，任何一个被测试者都无法忍受一个陌生人紧挨着自己坐下 。

大家在乘坐地铁的时候有没有发现这样一种有趣的现象？假设你是首发站进入车厢的人，你会发现，接下来每一站上来的乘客都会找一个与其他人差不多等距离的地方或站或坐，车上人少的时候人与人之间的距离就大，人多的时候，这个距离就小，绝对没有一节车厢内一半空着，另一半人挤人，或者整个车厢前一半儿都是人而后一半儿空着的时候。当然这里有避免拥挤的成分，但更主要的是每个人都需要有一个独立的空间，有了这样的空间，才会有安全感。这就是人与人之间的等距现象。

就像大家都需要一个房子，房子不仅是为了住着舒适，也是为了安全，但是在公共的空间，每一寸都不是私人领地，而是开放给每一个人的，任何人都没有理由不允许他人站在自己身边，所以，唯一的办法就是自动调整，保持合适的安全距离。

我们把这种现象称之为人与人之间的“等距效应”。

人人都需要一个安全的自我空间，它犹如一个无形的“气泡”为自己划定了一个别人看不见的“领域”，而当这个“领域”被他人入侵时，他便会感觉不舒服、不安全，并做出“捍卫”的举措。由此可见，人和人之间，特别是陌生人之间需要保持一定的空间距离。

从业多年，我发现与学员的交往有三个界限明显的阶段：第一个阶段是和学员初次相遇，开始互动的一段时间；第二个阶段是经过一半天训练的磨合，彼此有了更多的了解的一段时间；第三个阶段是培训结束，即将离别的短暂时光。这是一个拓展培训师在与学员互动和交往中必然要经历的三个阶段。无论培训时间长短，拓展培训师在三个不同阶段要知道与学员交往的不同方法和原则，这样才能保证培训最终收到良好的效果。

在第一个阶段，也就是培训师与学员初次交往时，彼此之间还处于陌生的状态，此时刺猬法则告诉我们，必须与学员保持一个适当的心理距离，既不可冷漠严肃，也不能过分亲昵，用首因效应给学员留下最好的第一印象。因此，在这一阶段处理与学员关系的原则是，建立信任，把彼此的关系想象成上面来考察的领导与普通农民之间的关系，之间保持着领导来到田间地头与老农聊天的友好距离。

在第二个阶段，培训师与学员之间的了解逐渐增多，情景模拟的游戏使多数学员内心世界基本暴露出来，你的坦诚和专业度也让学员对你产生了好感，此时，有了对你的基本信任，学员会用各自的方式主动地接近你，这时你一定要提醒自己，“刺猬”们过来拥抱你是带着“刺”来的。因此，在这一阶段处理与学员关系的原则是，保持尊重，把彼此的关系想象成咨询顾问与小企业主的关系，咨询顾问在帮助焦头烂额的小企业主出谋划策，解决问题。

在第三个阶段，也就是即将离别的短暂美好时光，由于你的辛勤付出，给学员留下敬业、专业，以及善良、热情等良好印象，叩开了大多数学员的心扉，你在他们眼中的形象高大起来。他们会用自己的方式表达对你的爱戴和认可，男士会发出各种热情的邀请，女士则报以美好的笑容，有的还会给你一个热情的拥抱。虽然时光短暂，但收获了满满的尊重和成就感，此时此刻，你可以有满足的喜悦，但千万不要飘飘然，因为不是你个人有多么完美，而是拓展训练这个平台，是拓展训练这个培训的方式，它用短短一两天的时间，把你身上优秀的部分展示出来了，而你的短处还来不及被发现，培训就结束了。

专家发现，当一个人处于“短时状态”时，他的倾向性、好感度，甚至承诺也处于“短时状态”，此时的表现并不真实，并不是长期的、稳定的，经过理性思考而表现出来的，而是在某个事情的强烈刺激下突然的心血来潮和忘乎所以。我们把这种现象称之为“陌生人效应”。作为培训师，如果不懂得什么是“陌生人效应”，就会把学员此刻的表现误认为是真实的，并做出积极的反应。我们的学员特别是一些年轻人，被拓展训练的形式或培训师的个人魅力所吸引，会出现“短时状态”，培训师千万不要当真，要保持清醒的头脑，以免给培训造成不好的影响。

在这一阶段处理与学员关系的原则是，定格此刻。就像一张老照片儿，你和学员的关系定格在这里，将钦佩和敬意留在学员心中。

这些年见过很多没有处理好这一阶段与学员关系的拓展培训师，有的甚至主动和学员建立一种关系，希望为自己带来某些利益。很显然，这种行为会让拓展训练行业蒙羞，给“拓展训练”四个大字抹黑。所以，为了行业的发展，拓展培训师和学员之间应保持刺猬一样的关系，互利互惠，同时又不会伤害对方。

第八节 从众效应——利用得好，团队可以进步飞快

从众效应（Bandwagon Effect），是一个心理学概念，也称乐队花车效应，是指当个体受到群体的影响（引导或施加的压力）时，会怀疑并改变自己的观点、判断和行为，并朝着与群体大多数人一致的方向变化，以和他人保持一致。也就是人们通常所说的“随大溜”。

1952年，美国心理学家所罗门·阿希（Solomon Rash）做过一个实验，以研究人们会在多大程度上受到他人的影响，而违心地做出错误的判断。他请大学生做他的被试，告诉他们这个实验的目的是研究人的视觉情况。当某个来参加实验的大学生走进实验室的时候，他发现已经有5个人先坐在那里了，他只能坐在第6个位置上。事实上他不知道，其他5个人是和阿希串通好了的假被试，即“托儿”。

阿希要大家做一个非常容易的判断——比较线段的长度。他拿出两张卡片，一张画有一条竖线，另一张画有三条竖线，让大家比较，画一条竖线的卡片中这条线和另一张卡片上的三条线中的哪一条等长。判断共进行了18次。事实上这些线段的长短差异很明显，人们很容易做出正确判断。然而，在两次正常判断后，5个假被试异口同声说出一个错误的答案。这时真的被试开始迷惑了，他是坚定地相信自己的眼力，还是说出一个和其他人一样，但自己心里认为不正确的答案呢？

这项实验的结果是，平均有33%的人做出的判断都是从众的，76%的人至少做了一次从众的判断，而在正常的情况下，人们做出错误判断

的可能性还不到 1%。当然，还有 24% 的人始终坚定地相信自己，做出正确的判断。

这个实验证实了人们从众心理的真实存在。

从众是一种普遍的社会心理现象，从众效应本身并无好坏之分，其作用取决于在什么问题及场合上产生从众行为，具体表现在两个方面：一是具有积极作用的从众正效应，二是具有消极作用的从众负效应。

积极的从众效应可以互相激励，促使人做出正义勇敢之举，它有利于建立良好的社会氛围并使个体达到心理平衡。如看到别人献血，你也去献血。消极的从众效应则是互相鼓励，促使人做出错误的行为举动，它不利于形成良好的社会氛围，甚至起到破坏作用。如看到别人乱穿马路，不少人也去效仿；看到别人在公园摘花，自己也跟着去摘；等等。

通常从众行为的结果有三种一致性：一是积极的一致性，表面服从，内心也接受，即口服心服；二是消极的一致性，出于无奈只得表面服从，违心从众，即口服心不服；三是无异议的一致性，完全随大溜，谈不上服从不服从的问题。

美国作家詹姆斯・瑟伯有一段形象的文字，来描述人的从众心理："突然，一个人跑了起来。也许是他猛然想起了与情人的约会，已经过时很久了。不管他想些什么吧，反正他在大街上跑了起来，向东跑去。另一个人也跑了起来，这可能是个兴致勃勃的报童。第三个人，一个有急事的胖胖的绅士，也小跑起来……十分钟之内，这条大街上所有的人都跑了起来。嘈杂的声音逐渐清晰了，可以听清'大堤'这个词。'决堤了！'这充满恐怖的声音，可能是电车上一位老妇人喊的，或许是一个交通警察说的，也可能是一个男孩子说的。没有人知道是谁说的，也没有人知道真正发生了什么事，但是两千多人都突然奔跑起来。'向东！'人群喊叫了起来，东边远离大河，东边安全。'向东去！向东去！'"

造成人的从众心理的原因是多方面的。在群体中，个体不愿标新立异，与众不同会让自己受到孤立，而当他的行为、态度与意见同别人一致时，会有“没有错”的安全感。从众心理源于一种群体对自己的无形压力，这种压力迫使人们违心地做出与自己的意愿相反的行为。

不同类型的人，从众行为的程度也不一样。一般来说，女性从众行为多于男性，性格内向、有自卑感的人多于外向、自信的人，文化程度低的人多于文化程度高的人，年龄小的人多于年龄大的人，社会阅历浅的人多于社会阅历丰富的人。

巴菲特在 1985 年公司的年报中讲了这样一个故事。

一个石油大亨去世后向天堂走去，圣·彼得对他说：“你有资格住进来，但是给石油大亨们保留的大院已经满员了，没有办法再让你进去了，实在不好意思。”

大亨想了一会儿后，请求圣·彼得，允许他对大院里的居住者说句话。这对圣·彼得来说似乎没什么坏处，圣·彼得便同意了大亨的请求。这位大亨拢起嘴大声喊道：“各位朋友，告诉你们一个好消息，在地狱里发现石油了！”大院的门很快就打开了，里面的人蜂拥而出，向地狱奔去。

圣·彼得非常惊讶，便请这位大亨进入大院，并嘱咐他照顾好自己。大亨迟疑了一下说：“不用了，我认为我应该跟着那些人去，这个谣言中可能会有一些真实的东西。”说完，他也朝地狱飞奔而去。

在拓展训练，或者准确地说所有的培训，无论是管理类还是技术类的培训中，从众现象都是非常普遍的。一个培训师，如果能够利用具有积极作用的从众正效应，他就可以避开盲目从众的陷阱，引导团队顺利前行；反之，如果从众负效应发挥了作用，那么团队可能出现糟糕的状况，导致不良的培训结果。

比如，当我们交给团队一项任务或一个难题，团队要想完成任务或解决难题，就必须做出正确的行动方案，然后实施。在决策的时候，往往有一些学员出现从众的行为。一般来说，从众行为会以两种方式呈现：

一种是主动从众，另一种是被动从众。

先说主动从众。

主动从众是团队成员在讨论时，一些人没有独立思考的习惯，或是缺乏独立思考的能力，于是，当团队成员甲发表了一个观点或看法时，无论成员乙是否理解了，他都会马上举手表示赞同。这里可能的前提是，乙和甲的关系较好，可能是朋友，因此看似乙在积极参与，事实上他只是附和而已。这种行为对团队做出正确决策危害极大，因为甲提出这个观点或看法并不一定是正确的或完善的，只不过是拿出一个想法供大家讨论，可是，当大家还没有展开讨论时，马上就有人表示支持和赞同的话，其他团队成员即便有疑问，也不好反驳或是提出新的、不同的意见和观点了，因为他们可能认为这些举手赞成的人应该是把问题想清楚了。一旦有这种主动从众的情况出现，将导致团队做出低质量的决策。那么在这个时候，作为一个培训师，你要知道主动从众的后果，并及时地采取有效行动去帮助学员，让他们知道主动从众的危害。

为了培训的效果，你可以选择事先说还是事后说。我的经验是，看这个问题是发生在培训早期还是培训晚期。如果发生在培训早期，你可以在任务完成后的分享点评时指出。比如，你可以这样说：“这项任务没有按时完成最主要的原因在于决策质量不高，而决策质量不高的具体原因是讨论不充分，讨论不充分是部分人的从众行为导致的。那么，什么是从众行为？我们又应该怎样避免从众行为带来的危害呢？”接着展开理论分享和知识传递。

如果这种从众行为发生在培训即将结束的时候，不及时处置，团队就有可能在最后一项任务上失利，导致学员收获一个令人沮丧的培训结果。这个时候，培训师一定要果断地采取措施，提出建议，让团队成员对于决策进行充分的讨论，让每个人发表对完成任务的意见和看法，并且是独立思考的结果，同时把主动从众的危害讲给团队成员，然后让大家去完成任务。

再看被动从众。

被动从众就是阿希实验的结果。个体成员的行为通常具有跟从群体的倾向，当他发现自己的行为和意见与群体不一致，或与群体中大多数人有分歧时，会感受到压力，从而产生不安全感，本能告诉他，如果集体排斥他的话，他必将处于糟糕的境地。因此，为了融入集体，他只能趋向于与群体保持一致。被动从众还有一种原因就是不自信。当他看到那些似乎比自己更聪明、更有经验的人都坚持另一种观点的时候，他会感觉自己是错的。此时，不做出被动从众行为的唯一的办法就是自信。

日本指挥家小泽征尔有一次去欧洲参加指挥家大赛，在进行前三名的决赛时，评委交给他一张乐谱。演奏中，小泽征尔突然发现乐曲中有不和谐的地方，他以为是演奏家演奏错了，就指挥乐队停下来重奏一次，结果仍觉得不自然。

这时，在场的权威人士都郑重声明乐谱没有问题，而是他的错觉。面对几百名国际音乐权威，他不免对自己的判断产生了疑问，但是，他思考片刻，坚信自己的判断没有错。于是，他大吼一声："不，一定是乐谱错了！"他的喊声一落，评委们立即向他报以热烈的掌声，祝贺他大赛夺魁。原来，这是评委们精心设计的"圈套"，以试探指挥家在临场发现错误时，而权威人士又不承认的情况下，是否能坚信自己的判断。

从这个事例看，盲目地从众，可能会扼杀一个人的积极性和创造力。团队成员的盲目从众也会对团队绩效产生负面影响。

第九节
皮格马利翁效应——说你是，你就是，不是也是

拓展训练有两大培训目标：挑战自我和熔炼团队。

这里我们重点讨论挑战自我。为什么要挑战自我呢？

当今社会，很多人都渴望有所作为，成为他人眼中的成功人士，但是，什么样的人更容易成功，或是哪一种人成功的概率更高呢？

为了找到这个问题的答案，美国的一些社会学家，煞费苦心地做了长达几十年的跟踪调查。他们选择了一所普通的高中，把一个年级的所有学生列为考察对象。考察什么呢？其实很简单，他们就是想知道，这些普通的学生里，未来经过几十年在社会上的打拼之后，哪些人在事业上会有所成就？这些成功人士都有哪些共同的特点？经过专家们的不懈努力，终于找到了这个问题的答案。他们发现，这些成功者有一个共同点，就是他们的性格中都有一个显著的特征：“aggressive”。翻译成汉语，意思就是“好斗的，有侵略性的，有占有欲的，有进取心的，有闯劲的”。说得清楚一点儿，就是这些人有勇气和胆量去做一些普通人不敢做的事，或是普通人需要犹豫再三才敢去做的事，因此，他们抓住机会的概率就高，成功的概率也就高。

人们常说：“胆儿大的人不一定能成功，但是成功的人通常都是敢想敢干的人（或心理素质良好）。”这种事例在我们的现实生活中非常多。改革开放初期，有人在珠江三角洲做过一个调查，他们想知道，在这片当时中国经济最活跃的地区，人们的收入和他们的学历是什么关

系？是不是学历越高，收入就越高呢？调查结果让人大跌眼镜，他们发现，收入最高的一批人中，相当一部分人都是中、小学文化水平。这些人为什么能够成功？最主要的原因：敢想敢干，简单说，就是胆子大。

所以，今天的年轻人要想拥有成功的人生，就必须勇于挑战自我，要有勇气去做一些过去不敢做的事情，这样才能更多地抓住机会，实现自己的人生目标。

在拓展训练中，给学员设计的一项重要任务就是挑战自我。说起来容易，但反映在学员行为上，这个难度就太大了。拓展训练中会有一些个人的挑战任务，如背摔、空中单杠、空中断桥。在完成这些任务的时候，真的会把一些胆小的学员吓坏了。记得一次在完成“断桥”这个挑战任务时，一位三十多岁的女士一边哭，一边往上爬。她很害怕，连站起来往前走几步都不敢。我不断地鼓励她，并教给她缓解紧张和压力方法，帮助她突破心理障碍。她沮丧地说：“道理我都懂，可我就是不敢迈这一步。”那一天，足足用了四十多分钟，她才跨过“断桥”。回来后，我给她换保护绳时，她回头看着断桥，自我解嘲地说：“这有什么呀！”当时在场的人都忍俊不禁。

在我最初做拓展训练时，这种情况非常普遍。这位学员花四十多分钟跨过“断桥”还算是短的，学员用一两个小时完成高空挑战任务是常事，最长的一次竟用了五个小时。问题是，如果一个队里有两三个这样的学员，那就没办法完成其他的训练项目了，大家都心急火燎地等待他们，整个培训的安排就被彻底打乱了，而且一旦有其他团队来参加训练，器械是轮流使用的，你这个团队长时间没有完成任务，后面的团队就不能进入这个项目。这在当时成了一个好大的难题，我们既要帮助学员完成心理突破，又要严格遵守时间，这本身就是一件矛盾的事。

为了解决这个难题，我做了很多的尝试，直到我学习了心理学的皮格马利翁效应（Pygmalion Effect），才找到了解决这个难题的方法。

这是一个希腊神话故事。

> 皮格马利翁是塞浦路斯的国王，擅雕刻。他不喜欢塞浦路斯的女子，决定永不结婚。他用神奇的技艺雕刻了一座美丽的少女像，他倾注了自己全部的精力，把自己全部的热情、全部的爱恋赋予这座雕像。皮格马利翁为她取名加拉泰亚，他像对待自己的妻子那样抚爱她、装扮她。每天回到家就和她聊天说话，告诉她每天发生的新鲜事儿，分享自己的快乐，也把烦心的事讲给她听。一段时间后，让皮格马利翁意想不到的事情发生了，有一天这个少女雕像居然复活了，他们便结为夫妻。

心理学家用这个神话故事解释了一个普遍的心理现象，即当人们不断地对某个人进行“心理暗示”，这个人就有可能成为这样的人，如图 2–7 所示。

图 2–7　皮格马利翁效应

后来，人们将皮格马利翁效应通俗地解释为“说你行，你就行，不行也行”或是“说你行，你就行”。

如果你觉得这是成功学的励志鸡汤，那你错了，因为这是科学实验的结果。

1960 年，哈佛大学的罗森塔尔博士带着几位研究人员来到加州的一所学校，在对一个班级的学生课堂表现观察了一段时间后，他把这个班的两位授课老师叫到一起，对他们说：“你们两个很优秀，教学上也很有方法，这个班里有一部分学生是很有潜质的，他们聪明，接受能力强，未来这些孩子一定会很优秀。”说完，他拿出花名册，在学生的名字上打钩。然后，对两位老师说：“就是我在名字上打钩的这些孩子，但是你们要绝对保密，不能让任何人知道。”一年后，博士再次来到这所学校，发现被他打钩的那些孩子，他们的学习成绩绝大多数在班里名列前茅，然而，只有博士自己知道，这些孩子的名字只是他随机勾选出来的。

罗森塔尔博士的实验结果证明：期待是可以产生实际效果的。这种由于期待和心理暗示产生的现象，是心理学上一个重要的心理效应，即皮格马利翁效应。

之后，我开始尝试将皮格马利翁效应运用到拓展训练中，按照这个方式，给那些不敢做背摔或高空挑战任务的学员以期待和心理暗示。我会悄悄地对他说：“据我观察，你是这个团队中智商最高的人，你一定有办法完成这个任务。”心理学的实验证明，一个人无论是不是真的智商很高，但只要你告诉他“你是一个高智商的人”，他就会更加自信，更加勇敢。

还可以从个人素质方面来激励学员，因为对个人素质的肯定能激发学员的自我认知。我会说：“我发现你是团队中最有勇气和胆量的人，你的身体素质也非常棒，一看就知道是运动型的，健康有活力，所以这个挑战任务是绝对难不住你的。我接触过很多你这种类型的人，好像犹豫不决，实际上是对事情有自己的判断，一旦行动起来就特别地果断。接下来就看你的了，给那些胆儿小的队员做个榜样，你要是完不成这个任务，他们就更不敢做了。加油！”

每当我对学员讲了类似的话，他们十之八九都会按照我的期待完成挑战任务。

第十节
死亡焦虑现象——既然躲不开，你选择如何“生”

皮格马利翁效应通过心理暗示，可以帮助缺乏自信心的学员成功地完成训练，但对于一些心理障碍较大的学员，这一“招儿”就不好使了，因此，培训师还要对这些“重症学员”做进一步的心理辅导，尽可能地帮助他们突破心理障碍。

首先我们要洞悉那些站在断桥上举步维艰的学员内心所想，弄清楚他们害怕什么，担心什么。

事实上，他们担心害怕的只有一样东西，就是万一掉下去，会伤到自己。也就是害怕“失去”的心理。

美国斯坦福大学精神病学终身荣誉教授、美国团体心理治疗权威专家欧文·亚隆说：“死亡是人类最终的宿命。对生的渴望和对一切尽毁的恐惧始终存在，它们与生俱来，根植于你的心灵最深处，在很大程度上影响着你将如何活着。”

在带领学员完成“断桥”这个挑战任务的过程中，会看到学员不同的行为：有的非常勇敢，有的则像一个战场上怕死的士兵。为什么大家在断桥上的行为表现如此不一样呢？难道仅仅是因为他们胆量不同？如果是胆量决定了他们各自不同的行为，那么我们就没有办法帮助学员，因为你不可能用站在“断桥”上短暂的时间，让一个人的胆子瞬间大起来。

除了胆量，还有什么原因导致大家行为上的差异？

早期的心理学家对人类行为的驱动力有不同的解释。奥地利精神分析学家弗洛伊德认为，人类一切行为的根源是性。同是奥地利人，弗洛伊德的学生阿德勒对此观点并不认同，他坚信人类行为的根源是自卑（《自卑与超越》）。随着心理学研究的深入，20世纪在美国，以谢尔登·所罗门为首的三位社会心理学家在世界各地开展了长达30年的研究，他们共做了500多次实验。其研究结果表明：人类行为的根源，既不是性，也不是自卑，而是——怕死。

对死亡的恐惧是刻在人类基因里的，每当想到会死，人类就惶恐不安，心理学家用了一个专有名词来形容人类的这种行为，叫作“死亡焦虑。”

他们认为，知道自己会死，是人类智力的一大缺陷，而动物活在当下。人类知道自己会死，但是又不想死，就会做出各种各样的防御性行为，如：有些人酗酒，用酒精来麻醉自己；有些人沉溺在游戏里（或电视剧里），用分散注意力来回避现实；有些人坚持健身、养生，以此来延长生命；等等。

阿德勒说：“所有的罪犯都是懦夫，犯罪是对英雄主义的懦弱模仿。”苏格拉底却不一样，当他被雅典法庭以侮辱雅典神和腐蚀雅典青年思想之罪名判处死刑后，他可以悔罪求饶，或逃走，他完全有机会活下来，但他选择慷慨赴死。同样面对死亡，为什么大家表现出的防御行为不一样呢？三位心理学家的研究认为，这与人的价值观、自信心和自尊有关。

懂得“死亡焦虑”的心理效应，拓展培训师就可以更好地帮助学员。当然，培训师自己首先要过了这一关。

当培训师开展“断桥”这个项目，遇到心理压力特别大的学员，在“断桥”上无法顺利通过时，要通过思想交流来帮助他们树立正确的价值观，提高他们的自信心。通过聊天——一种很重要的沟通方式，与他们互动，改变学员的思想观念，以达到转变其行为的目的。你可以训练前精心设计你的交流问题。

首先问问学员究竟怕什么？如果他们不愿意说，那你就替他们说，说之前，要做一件事，就是提前准备好一份香料，放在场地不远处，总之就是让学员闻到“香味”。为什么呢？心理学的研究证明，香味是减少人的压力最有效、最快速的方法。此时，学员已经陷入深深的焦虑中，大脑完全是空白，他根本听不进你说的话，淡淡的香味会转移他的注意力，紧张的神经会不自觉地放松下来。用这个方法把学员从压力中解放出来，哪怕只是缓解一下，让他们可以听你说话。

大多数学员都很坦诚，他们会直接告诉你：“害怕掉下去摔死！”这时你可以用轻松的口气，以你多年的培训师经历告诉他：“事实上，不只是你一个人害怕，我曾经也很害怕。我第一次上这个‘断桥’的时候，也怕得厉害，腿抖得几乎站不住了，但我后来还是跳过去了。想知道我是怎么过去的吗？当时我的老师的一番话点醒了我，他说，你知道人为什么会怕死吗？是因为人皆专注于‘我’，‘害怕’和‘喜欢’皆出自‘我’，其实只要放下‘我’的执念，专注于你做的事，自然就忽略自己了。‘我’都没有了，还有什么好怕的呢？何况，我们今天做的事不会有任何严重的后果，你担心的一切都不会发生。我们这个训练设施非常牢固，是经过 ISO9001 安全质量认证的；上面的两根钢丝绳，每一根承重 5 吨；你手里握住的这根保护绳，是专业登山绳，就是咱们全队队员的体重加在一起也不会把它拉断。所以，你根本不用担心会掉到地上。即使你没有跨过去，最多也就是悬在半空，我一把就可以把你拉起来，你不会受到任何的伤害。”

“放下”才会去除焦虑和不安，“放下”才会心静如水，而在心静的时候，才更容易生出智慧。美国心理学家欧文·亚隆说过一句话：“人类是唯一需要意义来生存的动物。”那么对于要跨越“断桥”的学员来说，此刻要做的一件有意义事情，就是跳过去。跳过去就是海阔天空，跳过去就战胜了自我，跳过去人生就少一重障碍。所以，人有的时候，特别是关键的时刻，要有一种“豁出去”的冲动，要对自己说：“有什么了不起的，大不了就掉下去嘛！”障碍自己的永远是自己，放下自己，拥有一个无限强大的内心，那么，生活中还有什么可以再难住他的事儿呢？尼采说：“那些杀不死我的将使我变得更强大。”何况这一跳又不会有任何的伤害。

经过你的一番疏导，学员大多解除了顾虑，放下心理负担，他们中的大多数就顺利地跨过了“断桥”。

自然，这一番的心理辅导也不会对任何人都有效果，对于那些“危重学员”，我们将采用物理手段，这在下一节和大家分享。

我们人类每天面对各种复杂的状况，在生活中也会有很多人陷入深深的恐惧中，也就是不同程度的“死亡焦虑”，这将引发人们的各种负面的行为表现。电影《入殓师》的导演泷田洋二郎说：“大家对生离死别是敬而远之的，连想都不愿去想，当然也不愿去彩排和预演；但人既然生在这个世界上，内心都知道那一天早晚总会来临，所以会有种想偷偷窥视一下的心态。”与其“偷偷窥视”，不如摆在桌面上，不刻意回避，直面困难，是最好的战胜它的姿态。欧文·亚隆说：“死亡是骄阳，与其背过身活在它的阴影中，不如直面骄阳；只有看到死亡，才能去处理它、超越它，找到和它共处的方式。”何况我们面对的又不是真正的死亡。

泰勒说过：“很多经历过生死的人，往往会产生一种‘觉醒体验’，这可能会带来情感、认知甚至价值观的重大变化，比如：更有利他精神；重新安排生活的重心，放弃无关紧要的琐碎之事，不做违背心意的事情；花更多时间和爱的人在一起；对季节的变化和大自然更加敏感；更有勇气去冒险，更少担心被拒绝；等等。”

认知“死亡焦虑”，跨越“死亡焦虑”，对于今天的年轻人来说，有助于增强其自信心，从而获得成功。努力地去做有意义的事情，让自己活得愉快，活得有价值。克服内心的恐惧，让自己变得无比坚定，我想，这无论是对于个体，还是对于企业组织，甚至是一个民族和国家都是有益的事。

读过一篇小文章，里面推荐了四个避开“死亡焦虑”的方法。

（1）思考自己的“波动影响”。

“波动影响”是指我们每个人都会有意无意地给他人带来影响，即使我们死去，这些影响也依然会通过他人一层层传递出去，就像池塘里的涟漪一样。思考“波动影响”其实就是思考：你希望给别人带来什么样的影响？希望人们用怎样的方式记住你？

（2）遗憾练习。

想象一年之后、五年之后、十年之后，自己最大的遗憾可能是什么？如何才能避免？

（3）写遗嘱和墓志铭。

你想在自己的遗嘱和墓志铭上写什么？它可能是你最看重的价值、特质，你最想传递给世界的声音，你最鲜明的性格体现。思考这个问题本身就是一个深层次自我探索的机会。

（4）找到自己的心流和天赋。

心流是指一个人全身心投入地做一件事，伴随着高度的兴奋和充实感，完全忘记时间的流逝。这是一种“最优体验”。

不妨从今天就开始记录，有什么事是你忍不住想做、做了就停不下来且完全沉浸其中、忘记时间的？

以上四个方法可以在任务完成后的总结时，分享给学员们。

还有一种避开“死亡焦虑”的方法，叫作“象征性永生”。人们发现，我们大都记得人类先祖的名字，比如，中国的孔子、孟子、李白、杜甫、秦始皇、成吉思汗等，欧洲的哥白尼、牛顿、达·芬奇等。为什么会记得这些人呢？因为尽管他们所处时代不同、领域不同，但是他们有一个共同特点，就是他们都创作出伟大的“作品”，比如，一幅名画、一部名著、一种学说、一个王朝等。当人们今天讲起他们的故事，都是活灵活现，尽管他们已经逝去很久，但仍就像生活在我们身边一样。这就是“象征性永生”，因为这些人永久地活在了后辈们的心中。

是每天生活在焦虑中，还是更洒脱一些？当我们意识到“创造性”可以让人从“死亡焦虑”中超脱出来时，很多人走上了这条创造的道路。他们专注于自己的事业，毕其功于一役。因为他们明白，与其默默无闻地在忧郁中消耗自己，不如轰轰烈烈忘我地干一场，即使不能青史留名，也足以告慰自己的人生了。

作为拓展培训师，是这种方法最好的实践者。

拓展训练的功能之一是勇敢提升的训练，它训练的是人的胆量、勇气，挑战自我的能力，是一种坚韧、不服输的精神。通过短短的培训，激发学员突破自我的一种潜能，激发其创造欲。当他经过了“死亡焦虑”，会感觉心中释然，所有的焦虑一扫而光，心情无比快乐。再次面对工作、生活的挑战，他会全身心地投入，并快乐地告诉自己：“为什么不呢？”

第十一节
得寸进尺效应——再胆怯的学员也能自己跨过“断桥”

一个小品里有一句话可谓经典：“人和人的差距咋就那么大呢”？没错，人和人的差距就是如此巨大。在拓展培训中有一个典型的挑战任务“空中断桥”（见图 2–8），这是需要每个学员个人完成的任务。完成任务时，学员要穿戴好全套安全保护装备，在培训老师的保护下爬上 7 米高的训练架，走到断开的木板前。最艰难的是断开的那一段距离，学员须鼓足勇气，奋力一跃，跳过去然后再跳回来，任务完成。一个团队在完成这个任务时，人和人的差距一目了然。

图 2–8　空中断桥

不是每个人都敢跳这一下的，这和人的年龄、性别、学识无关，唯一有关系的就是——胆量，或者说勇气。

在胆量上，人和人的差距就是那么大。在二十多年的拓展训练生涯中，在这个挑战任务上我亲自带过的学员少说也有几千人。根据我的数据统计：5 分钟内完成任务的学员，属于胆量大的，这些学员基本上看不出紧张和恐惧，注意事项刚说完，他们就能毫不犹豫地跳过去、跳回来了，或是有一点儿紧张，但并不妨碍他们完成任务，这类学员占到 60%。5 ~ 30 分钟能完成挑战任务的，胆量中等，看得出来，他们有点儿紧张，需要稳定一下情绪，需要培训老师给一些鼓励，调整好心态之后就能完成任务了，这类学员占到 30%。剩下的 10% 就是胆量小的，这类学员突破自己心理障碍非常困难，培训老师想出各种“花招”，去鼓劲、激励，帮助他们树立信心，甚至使用负激励这样的手段，“逼迫”他们跨出这一步，都没有作用。他们站在断开的木板前，浑身发抖，腿软得几乎站不住，每往前挪动一寸都怕得要死，紧紧地抓住绳子或是培训老师的手，不肯松开，仿佛一松手，自己的小命就没了。你看他们，身体僵硬，脸色惨白，满头汗水，很长时间完成不了任务。

你看，胆量大的和胆量小的人差距就是这么大。

胆量大与胆量小并没有好与坏之分，但是，我们是培训工作者，我们的任务就是帮助职场上的那些年轻人成长和进步，其中任务之一就是要帮助那些胆量小的人树立自信心，培养其良好的心理素质，在工作中突破心理障碍，敢于去做从前想做却不敢做的事情。在工作生活中，胆量大的人，更有勇气面对困难，他们抓住机会的概率就高，进步就快，获取成功的概率就高，无论是对个人还是他们的企业都是有好处的。

要想把胆量放大，就需要知道胆量究竟是个什么东西？属于生理的还是心理的范畴？到目前为止，学者专家还没有探索到胆量的生物学、解剖学机制，它是某个“腺素”分泌得多，还是什么“大脑皮层”在起作用？人们不得而知。然而，胆量是客观存在的，面对同一事物，人与人的行为反应存在巨大差距。生活中我们常会遇到这样的情况，当一个人被外界某种东西刺激了一下，他突然像变了一个人，敢去做之前从不敢去做的事。那么，有什么的方法能让人的胆子变大呢？

在拓展训练中，这是个难题。开始的时候真的没有什么有效的法子，那些胆量小的学员让培训老师头疼不已。等待他们突破自己的心理障碍，跨过“断桥”，这个时间无法预测，可能要等很长时间，可是长时间的等待，会导致培训流程和时间安排完全被打乱，因此不能等。如果让这些胆量小的学员没有完成任务就下来，对学员是不负责任，本来拓展训练的目的就是帮助学员突破自我、建立信心的，他们不敢跨过“断桥”，中途就下来了，以后他们就更加没有自信了，这不是害了他们吗？这就有了拓展训练中的“断桥悖论”：等待，影响培训整体安排；不等，伤害学员自尊，打击学员自信。打乱安排不可以，伤害学员更不可以，这个悖论长时间成为“鱼与熊掌不可兼得”的拓展难题。

打破此悖论是心理学帮的忙。

美国社会心理学家弗里得曼做过一项实验。他让助手去访问一些家庭主妇，请求被访问者答应将一个小招牌挂在她们家的窗户上，她们答应了。过了半个月，实验者再次登门，要求将一个大招牌放在庭院内，这个牌子不仅大而且很不美观；同时，实验者向没有放过小招牌的家庭主妇提出同样的要求。结果前者有 55% 的人表示同意，而后者只有不到 17% 的人表示同意，前者是后者的 3 倍。

为什么会是这样的结果呢？心理学家在探究人的心理世界时发现，人们在接受他人求助时，大多数人会同意接受付出较少的要求，而面对付出较多的要求时，通常会拒绝，但是当人们接受了一个付出较少的要求之后，你再向他提出一个付出较多的要求时，奇怪的是，大多数人又都可以接受了。

这种效应已经为很多实验所证明。加拿大心理学家研究发现，在直接提出要求的情况下，有 46% 的多伦多居民愿意为癌症学会捐款，但若是分两步提出，第一天先请人们佩戴活动的纪念章，第二天再请求其捐款，结果自愿捐款的人会增加一倍。

心理学家说："人的每个意志行动都有行动的最初目标，在许多场合下，由于人的动机是复杂的，人们常常面临各种不同目标的比较、权衡和选择，在相同情况下，那些简单容易的目标因为损失不大，容易让人接受。另外，人们总愿意把自己打造成前后一贯、首尾一致的形象，即使别人的要求有些过分，损失增大了一些，但为了维护形象的一贯性，人们也会继续下去。"心理学家把这种心理现象叫作"得寸进尺效应"。

这种效应在生活中有非常多的应用，比如，亲朋好友聚餐的时候，往往要喝点儿酒，但不是每个人都愿意喝酒，于是就一定有人以各种理由拒绝喝酒，如甲说："下午要见个客户，所以不能喝酒。"可如果这一桌上的多数人都希望他喝呢？那这位甲先生十之八、九要喝了。表演一下：乙给甲倒酒，甲把酒杯拿到身后说："真的不喝，我真的有事。"乙说："那好，不让你喝，可是你把酒杯摆在这儿总可以吧？"这个说法甲不好拒绝，就把杯子放回桌子上。等乙给在座的所有人都倒满一杯酒之后，拿着酒瓶看着甲说："你看看，大家杯里都有，就你没有，你说这算咋回事呀？这样吧，就倒一点点，不用你喝，就是摆个样子。"这个时候再有几个帮腔的："就是，倒上吧！又不让你喝，过会儿大家举杯的时候，你一个举着空杯多难看！"甲在这个时候多半会把捂着酒杯的手拿开了，说："就一点点啊！"乙拿过酒杯说："放心，就一点点。"就这样循序渐进，猜猜接下来是什么结果，大概率甲和大家不醉不归了。只要妥协一小步，大家就有更多的理由让你妥协更多步。为什么会出现这个结果？"得寸进尺"的作用。

了解了人的这种心理之后，我们就知道了，在户外体验培训中，让学员完成挑战胆量的任务时，"得寸进尺"是非常有效的办法。

多年的户外体验培训，也积累了一定经验，只要学员可以爬上"断桥”，站在 7 米的高度上，我就一定可以在 10~20 分钟让他跨过“断桥”。两年前在上海给一家物流企业做拓展训练，团队中有个二十出头的姑娘，胆量非常小。在完成“断桥”这个挑战任务时，她爬上训练架后，我让她背靠柱子站好，开始给她换保护绳。按照惯例，我要和学员聊会儿天，以舒缓他紧张的情绪。此时，就看到这位姑娘浑身僵硬，从头到脚都透着恐惧，我还没有来得及张嘴说话，只见她头扭到侧面，“哇”的一声哭了起来。看着她那委屈又无辜、被吓坏的模样，我并没有后退，在心里说，看来今天必须拿出“得寸进尺”的绝学了。

第一步，让她放下心理负担。我关心地对她说：“不用紧张，没有人会强迫你一定跳过去，你可以选择不跳的，来，做几个深呼吸，放松一下。”当她听我说“可以不跳”后，就不那么紧张了，擦了擦眼泪，开始做深呼吸。首招儿奏效。看她稍微平静了一些，我又声音放平缓，问她：“好些了吧？”她的眼中满含着感激和信任，点了一下头。

进行第二步，我对她说：“来，跺跺脚，否则时间长了，腿会很累、很酸的。”通常学员都会跟着你跺一跺脚。这一步很重要，只要她动了，就说明腿没有被吓到发软，站立不住，就可以接着进行下一步，否则，很难继续下去。

她开始跺脚，也就是说，可以进行第三步了。我问她：“以前上过这样高的地方吗？”她回答：“从未有过。”这完全在你的预料之中，此时你一定要夸奖她，帮助她建立自信心，让她知道她和所有人一样，完全可以做到突破自己，别人可以做到的事，自己同样能做到。我真诚地对她说：“你真棒，第一次上这么高，不简单，有不少人都不敢往上爬呢！”听到我的夸奖，她有些不好意思，刚才苍白的脸上渐渐有了红润。我趁热打铁：“咱们这样吧，能站上来已经是很大的突破了，现在咱们再往前走几步，体验一下在高空行走的感觉，不用跳，就是走两步，好不好？”这个要求不高，她犹豫了一下还是答应了。我和她换位，让她在前面，她紧紧地抓住从上方钢丝绳悬下的保护绳，眼睛盯着脚下窄窄的木板，再看到前方断开的一段，空荡荡无依无靠，刚有的一点信心瞬间被莫名的恐惧甩到云外，她的两只脚像是被焊在地上一样，挪动不了分毫。每过几秒钟，她就用两只手用力地往下拽一下保护绳，嘴里还不停地说："我不行！我不行！"我知道，这些行为都是下意识的，是应激反应，这时候她需要更多的帮助和支持。我对她说："怎么样，能往前走几步吗？"她答道："我不敢。"我接着说："你抓住我的保护绳，咱俩一起向前走几步怎么样？"听到她说"行"，我赶紧走到她身后，把绳子送到她可以够到的位置。她不敢回头，一只手伸向身后，在空中乱抓，我把绳子送到她的手里，她一把紧紧地攥住绳子，仿佛这是她最后的一根救命稻草。最终，我们以寸步为单位的蜗牛速度总算挪到了"岸边"，我已经把断开的间距调整到了不足 40 厘米，这个距离根本不用跳，轻轻迈一小步就可以过去。我鼓励她："看，都站在这儿了，跳一下就过去了。"她看着脚下，似乎想试一下，可恐惧依然在她心头挥之不去，她扭过头哀求说："老师，让我回去吧？我真的不行。"我没有答应，继续劝说："这是战胜和突破自己最关键的时刻，一回头就前功尽弃了，咱们刚才的努力就都白费了，来，再试一下，其实就是轻轻地迈一小步，就大获成功了！"她没有回答，但是脚向前挪动了半寸。我知道她想跳，赶快告诉她要领，并说："人有的时候就是要有一股'豁出去了'的劲头，一咬牙、一跺脚、心一横，对自己说，有啥了不起的，不就是一跳吗？这样想一下，其实很多事情就变简单了。"她点了点头，弯下腰做出迈步的姿势，身体向前动了一下。这是一个突破恐惧的临界点，只要此时迈出腿就成功了、突破了，但是很多人就是过不了这一关，当他们鼓足勇气，用尽全身力气向前，正准备抬腿的一刹那，心中的恐惧感突然大面积爆发了，瞬间吞没了勇气，阻断了思维，终止了行动，于是，前边所有的努力复归于零。就在这关键节点，她回头对我说："我还是不行，我要回去，我要下去。"转过身推着我往回走。

其实我知道，她对自己的表现并不满意，但又实在没有能力打败自己恐惧的心魔，是该走第四步的时候了。我停下脚步对她说："我还有个办法，保证让你顺利地跨过去，要不要试试？"她满脸猜疑，可怜巴巴地看着我。我心中明白，这时只要她不是坚决地要求离开，就已经成功一半了。我说："办法是这样，咱们两个换一下位置，我先跨过'断桥'，我在对面伸手给你，你抓住我的手，我轻轻一拽，你顺势向前迈步，就能过来了，试一下？如果还是不行，咱们就结束，就让你下去，好不好？"没有人愿意真正放弃，这时她一定会同意的。接下来的一切就按照我的预想实现了。

我们两个换了位置（为了防止她的身体失控，不能换我们身上的保护绳），我跨过断桥，站到对面，伸手给她。她慢慢地走过来，哆哆嗦嗦地伸出手，我一把握住，然后对她说："咱们一起喊'一、二、三'，喊到'三'的时候我拉你一下，你向前迈步就行了。"就这样，她跨过来了，下面的队员一片欢呼喝彩。这位队员还惊魂未定，我对她说："真棒！你成功了，回去的时候你自己完成啊！"我知道有了跨过一次的体验，她的恐惧感大大降低了，而且，她只能跨回来才能下去啊！我跳回去转身伸手，告诉她："看着我的手抓过来。"果然没用几秒钟，她就"噌"地一下自己跳过来了。

这就是得寸进尺效应在拓展训练中的实际应用，这些年用这个方法帮助了很多胆量不够大的学员突破心理障碍，从未失手。当然，如果是那些没有意愿的学员，或者是生理上反应比较大的学员，在"招数"用尽之后，还是不能完成任务，那就给他们一个台阶下吧，千万不要为了完成任务而坚持做下去，这会对学员的心理造成伤害。

"背摔"这个挑战任务同样需要胆量，也可以应用这个方法循序渐进地来解决。如果培训师发现有学员不敢从背摔台上后仰下来，可以先在地面上让他做适应练习。培训师弓步站在学员背后，双手推在学员的背上，然后把手退后 20 厘米，让学员向后倒下。当学员可以接受这个距离顺利倒下的时候，你把这个距离加大到 40 厘米。40 厘米适应了，再退到 60 厘米，就这样“得寸进尺”一点点地让学员适应，他们就可以比较顺利地突破心理障碍，完成任务了。这个方法也是一些心理治疗师常用的暴露疗法。

第十二节
心理定式效应——常常会导致“冤假错案”

心理学家指出，心理定式效应是指以前的心理活动会对以后的心理活动形成一种准备状态或心理倾向，从而影响以后的心理活动。在对陌生人形成最初印象时，这种作用特别明显。人们因为局限于既有的信息或认识的现象，并且在一定的环境中工作和生活，久而久之就会形成一种固定的思维模式，使人们习惯于从固定的角度来观察事物、思考问题，以固定的方式来接受事物。在环境不变的条件下，定式有助于人们迅速解决问题，而当情境发生变化，定式会阻碍人们采用新的解决方法。

定式思维简单来理解，就是我们常说的“经验”。经验是我们生活经历的总结，就是定式思维。比如，你天天见到太阳从东边出，往西边落，当有人问你：“太阳明天从哪边出，往哪边落？”你的答案一定是“从东边出，往西边落”。这就是你的经验在起作用，因为从你一出生，你每天看到的日出日落就是这样的结果，于是，这样一些有规律的事情就形成了你个人的“经验”。当你在判断即将发生的某件事情时，大脑就会把经验性的思考推出来，这就是定式思维结果，如图 2–9 所示。

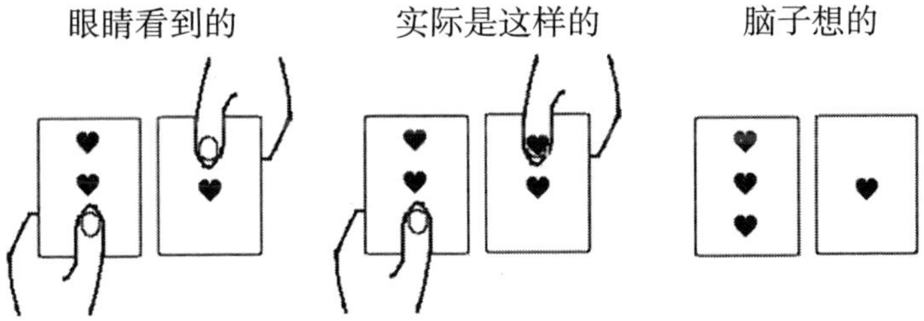

图 2–9　定式思维

定式思维既有积极的意义，也有消极的影响。积极的意义在于老马识途，避开前进路上未知的陷阱，同时缩短决策的时间。消极的影响是使人思想保守僵化，不敢越雷池一步，丧失了探索和发现的机会。

泰国人训练大象，在象很小的时候就把它拴在一个铁桩上，小象试图挣脱，无论怎么努力也逃不掉，数次失败后，小象就认定，自己不可能挣脱开。以后等它长大了，拴在一个小木棍上，它也不会挣脱，因为它的思维定式告诉它：再怎样努力挣脱，也不会有效。

拓展训练即是如此，培训师如果不了解定式思维的危害，就会给学员带来心理或生理上的伤害。

有个来参加拓展训练的女孩，穿着裙子来参训，培训老师要求她换成长裤，但她回答说，从小到大，无论是冬天还是夏天她都是穿裙子的，不能换。培训老师强调培训纪律，不换成长裤就无法参加培训。被多次要求后，她就是不换，直到她公司的领导下命令，才迫使她换了长裤。当她穿着长裤回来之后，人们发现她的腿有明显的变形，面对着同事惊讶的眼神，她哭着跑开了。

如果说这个案例仅是侵犯了个人隐私，给这个女孩儿带来的只是心灵的痛苦，那么，接下来的一个案例，关系到一个年轻人的生命。十几年前，有一个刚刚通过考核上岗的年轻的拓展培训师，带领一个队的学员完成“天梯”这个任务，他热情洋溢地布置完任务，鼓励队员们要奋勇争先，克服困难，完成任务，为团队争光。这个队里有一个身材微胖的小伙子，他看着高高的天梯，一脸的畏难表情，摇着头，自言自语地说：“我可做不了这个项目。”这位培训师听到后，面对所有学员说：“这是考验我们团队的时候，大家都要努力完成任务啊！”任务开始，学员两个人一组，向上攀爬，很快，其他小组都顺利地完成了任务，只有这个小伙子和他的同伴拖到了最后。培训师走过去要给他系上安全带，但是他摆着手，向后退了几步，苦笑着对培训师说：“我真的做不了的，别让我做了吧？”培训师对他说：“没关系的，人生就是要大胆尝试，你看女士们都上到顶了，团队能不能取得第一名的成绩可就看你了！”小伙子无语了，沉吟了片刻，嘴里嘟囔着：“上，上还不行吗？”在队员的帮助下，系上了安全带，费尽全力和他的同伴爬到顶，站到了 7 米高的圆木上。队员们欢呼、呐喊，这位小伙儿却没有丝毫的激动和兴奋，当他安全地被放回到地面时，人们看到他脸色苍白，满头大汗，嘴唇发青，大家关心地问他是不是不舒服，他回答说“没事，可能是累了，休息一下就会好的。”此时，已经是中午 12 点多了，培训师带着团队去餐厅吃饭，这位胖小伙儿还坐在地上喘气，大家喊他站队一起去吃饭，他挥挥手让大家先去。培训师也没有多想，带着队员去了餐厅。当有的队员吃过午饭回来，发现这个小伙子躺在台阶上晕了过去，人们赶紧给 120 急救中心打电话，把他送去了医院。

这件事后我总是在想，为什么会出现这个事件？这样的事能不能避免？

追溯当时的情景，这个小伙子的身体有一定的问题，可他为什么不告诉培训老师？可能是性格内向，当着公司那么多的同事不好意思说，更主要的是他也没想到这样做的后果。可是，培训师为什么不问呢？原因很简单，就是定式思维导致的。他习惯地归因于学员“恐高”，是惧怕困难，没有勇气挑战自我。因此他要用激将法，激发学员的集体荣誉感，他要“帮助”学员克服恐惧，战胜困难，办法就是用“团队的荣誉”来施加压力。培训师的企图成功了，却没有想到会有如此严重的后果。

在培训的时候，特别是在有可能伤害到学员的时候，培训师必须要突破思维定式，千万不能经验主义，因为这个世界上唯一不变的，就是“变化”，即使像太阳每天“从东边升起，往西边落下”这个确凿的事实，如果换个参照标准，它也是变化的。所以，培训师在遇到学员抵制培训安排这种情况的时候，一定不要用定式思维来判断学员的动机，而是首先要问个“为什么”，与学员多交流，沟通是打破思维定式最有效的武器。

一个幼儿园大班的小朋友，晚上妈妈接他回家，见到妈妈，就急急地问了妈妈一个问题："妈妈，你说，我是从哪儿来的？"相信很多家长都被孩子问过这个问题，大家回忆一下，当时我们都是怎样来回答孩子的？按照父母的习惯思维，这是个难以回答的问题。很多家长一时不知道如何回答，就随意糊弄过去："你是捡来的""是街上那个卖西瓜的抱来的""是变魔术变来的"，更有甚者"你是老爸老妈充话费的积分换来的"……生活中，不乏这样的妈妈。

这位妈妈，没有急于回答孩子的这个问题，她冷静地思考了一下，然后蹲下身，看着孩子求知的大眼睛，轻声地反问了一句："宝宝，告诉妈妈，你今天怎么会问这样一个问题呢？"孩子飞快地回答："我们班上新来了一个小朋友，老师说他是四川来的，那我是哪儿来的呢？"

这位妈妈的做法对我们是一个启发，如果那些伤害了学员的培训师当时能问一下学员，或者私下里悄悄地问："为什么呢？能告诉我原因吗？"伤害可能就不会发生了。

突破定式思维也同样适用于团队和企业的创新，这方面在《做最好的拓展培训师》一书中有详细的论述。

第十三节
多米诺效应——为什么要及时制止学员之间的争端

多米诺骨牌大家都知道，它是一种运动方式，也是体验式培训的运动项目之一，可你知道是谁发明了多米诺骨牌吗？哪个国家的人？虽然它的名字叫“多米诺”，但它不是外国人发明的，而是我们华夏祖先的创造。相传多米诺骨牌是宋朝年间民间兴起的一种游戏，那时很多人都喜欢玩这个游戏。1849 年，一位名叫“多米诺”的意大利传教士把这种骨牌带回了米兰，并把它作为最珍贵的礼物送给了自己的小女儿。多米诺为了让更多的人玩这种骨牌，就制作了大量的木制牌，并发明了各种玩法。木制牌迅速地在意大利及整个欧洲传播，骨牌游戏成了欧洲人的一项高雅运动。

人们为了感谢多米诺给他们带来这么好的一项运动，就把这种骨牌游戏命名为“多米诺”。到 19 世纪，多米诺已经成为一项世界性的运动。在非奥运项目中，它是知名度最高、参加人数最多、扩展地域最广的体育运动。

为什么多米诺骨牌会有如此旺盛的生命力和影响力呢？因为它不仅仅是一项有趣的体育运动项目，更在于其中的科学原理。

人们通过研究这项运动，得出多米诺骨牌运动的科学原理：当骨牌竖着时重心较高，而当其倒下时重心下降，骨牌在倒下的过程中，将其重力势能转化为动能，第一张骨牌倒在第二张骨牌上，这个动能随之转移到第二张骨牌上，第二张骨牌将第一张骨牌转移来的动能和自己倒下过程中由本身的重力势能转化来的动能之和，再传到第三张骨牌上……所以，每张骨牌倒下的时候，它所具有的动能都比前一张骨牌大。就这样，骨牌倒下的速度一张比一张快，也就是说，它们依次推倒的能量一个比一个大。

哥伦比亚大学物理学教授A怀特海德曾经制作了一组骨牌，总共13张。第一张最小，长9.53毫米、宽4.76毫米、厚1.19毫米，还不如小手指甲大。以后每张骨牌的体积是前一张骨牌体积的1.5倍，这个数据是按照一张骨牌倒下时能推倒一张体积是其1.5倍的骨牌而选定的。最大的第13张骨牌长61毫米、宽30.5毫米、厚7.6毫米，牌面大小接近于扑克牌，厚度相当于扑克牌的20倍。把这套骨牌按适当间距排好，轻轻推倒第一张，依次倒下，最终波及第13张，而第13张骨牌倒下时释放的能量是第一张骨牌倒下时释放的能量的20多亿倍。因为多米诺骨牌效应的能量是按指数级增长的，若推倒第一张骨牌要用0.024微焦，倒下的第13张骨牌释放的能量会达到51焦。多米诺骨牌效应产生的能量令人惊叹。不过A怀特海德没有制作第32张骨牌，因为它将高达415米，是纽约帝国大厦的2倍。如果真有人制作了这样的一套骨牌，那摩天大厦就会在一指之力下，被指数级倍增的力量瞬间撞飞！

心理学家发现，在社会生活中会发生各种多米诺骨牌效应，比如：砍掉森林种粮食，引起水土流失，造成山体滑坡，发生泥石流灾害；边境上两国儿童一起游戏时发生争吵，演变成两个国家旷日持久的战争；等等。20世纪50年代，我国曾发起消灭“四害”运动，麻雀最初作为“四害”之一被大量捕杀之后的几年里，由于没有了天敌，虫子就大量繁殖起来，导致严重的虫灾，使农业生产受到巨大的损失。心理学家把这一类事情的连锁反应称作“多米诺效应”，即在一个各要素相互联系、相互作用的系统中，一个很小的初始能量就可能产生一系列的连锁反应，并导致难以想象的后果。

多米诺效应对于拓展培训师有哪些启示呢？在培训过程中，常会有一些看似不起眼的小事，如果不去管它，最终往往引起较为严重的后果。在培训中，会要求团队完成一些艰难复杂的任务，由于任务的难度大，必须由团队制订出可行的行动计划。在制订计划的过程中，经常会因为团队成员之间观点、看法的不一致而产生辩论，如果此时的辩论都是克制的、积极的，计划的产生会较为顺利；相反，如果某些成员脾气急躁，或是个人陋习而表现出自负自大、目中无人，甚至口出狂言、训斥教训，此时的辩论就成了争论，进而升级为争吵，观点之争就变成了意气用事，结果就是团队的分崩离析。

这就是多米诺效应在培训中的场景。如果发生这种情况，我们的拓展训练不但没有完成增强团队凝聚力的目标，反倒是影响了团队的和谐。作为一名拓展培训师，应该掌握一定的心理学知识，理解多米诺效应，明白能量倍增的严重后果。你必须在发现一点点苗头的时候，就果断地采取措施去制止争端。如果你不懂得这个心理学效应，或是心存侥幸，就可能会造成学员团队的分裂。

多米诺效应也有它的积极作用，如果我们能够把培训第一个环节做到位，培养起参训学员团结协作、奋力拼搏的意识，并在完成每个挑战任务的过程中不断强化，最终会得到理想的培训效果。

多米诺效应也适用于家庭教育，如果孩子得到的第一张“骨牌”是如“孟母三迁”这样良好的教育环境，孩子长大后很可能会成才；然而，有的家庭给孩子的第一张“骨牌”是“溺爱、纵容”，孩子长大后很有可能走上相反的道路。

第十四节
斯坦福监狱效应——什么原因让好人变成了“魔鬼”

1971 年夏天，斯坦福大学心理学教授菲利普·津巴多准备做一个心理学实验，他和同事把心理系大楼的地下室改建成一个模拟的监狱，以每人每天可以得到 15 美元的报酬为条件，征集了 24 名心智正常、身体健康的志愿者，要求是必须完成 14 天的实验。这些志愿者被随机分成两组，其中 12 个人扮演狱警的角色，另外 12 个人扮演囚犯的角色。实验时，每组有 9 人参加，其余 3 人作为后备人员。实验模拟真实的监狱环境，“囚犯”分别被“警车”押送到监狱，然后被搜身，扒光衣服清洗消毒，穿上囚服，右脚戴上脚镣。这就是著名的斯坦福监狱实验。

有些装备与真实监狱中的装备不同，是为了让志愿者能迅速进入“囚犯”的角色。和真实监狱类似，“囚犯”被关入“监狱”后就不能自由行动了，3 个人住一个小隔间，只能在走廊上放风，每个人没有名字，只有一个编号。充当狱警的志愿者，没有接受过培训，只是被告知可以做任何维持“监狱”秩序和法律的事情。看守的“狱警”3 个人一组，每组工作 8 个小时，三组轮换。

实验开始的第一天晚上，“狱警”就在半夜吹起床哨，让“囚犯”起来排队，以验证自己是否已经在“囚犯”心中树立起权威。他们惩罚“囚犯”时，命令他们做俯卧撑（在真实环境中普遍运用的一种体罚措施），为了增加惩罚的力度，有时候“狱警”还会骑在“囚犯”身上。

第二天一早，“囚犯”们就开始抗议，他们把“监狱”的小隔断打通，用床堵住隔断的门不让看守的“狱警”进来。换班的“狱警”看到以后非常气愤，认为是前一轮看守的“狱警”对“囚犯”过于仁慈。他们用灭火器喷射“囚犯”，扒掉“囚犯”的衣服，揪出带头捣乱的“囚犯”关禁闭，并恐吓其他“囚犯”；但“狱警”很快意识到问题，3个人无法有效管理9个“囚犯”，于是他们找出这次抗议活动中反抗罪过最轻的3个“囚犯”，单独把他们关到一个隔间里，给他们比其他“囚犯”更好的待遇，可以穿正常衣服，可以刷牙，可以吃更好的饭菜。半天后，把他们放回到其他隔间中，再把三个带头捣乱的“囚犯”也放到优待的隔间里。其他“囚犯”于是相信这三个人是因为告密才得到好处，不信任开始在“囚犯”中传播。

期间，有一位“囚犯”因精神濒临崩溃，教授不得不释放他。后来，“狱警”无意中听到“囚犯”中有越狱的传言，说之前被释放的“囚犯”会带领一群人来解救他们。于是看守的“狱警”和教授共同制订了一个计划：先把“囚犯”的脑袋套住，将其转移到其他地方，然后一个人守在腾空的“监狱”中，等待解救者，并告知这些解救者实验已经结束，最后再把“囚犯”转移回来。从这以后，看守的“狱警”对待“囚犯”更加严酷，经常不让他们休息，做各种卑贱的工作，想出各种方法来惩罚他们。有时候看守的“狱警”不让“囚犯”上厕所，只能使用他们“牢房”里的水桶，而且还不按时清洗，各种难闻的气味充斥在“牢房”里。

有个编号819的“囚犯”生了重病，见到教授的时候痛哭流涕，说他不能再坚持。教授无奈只好放他走，让他先在旁边房间休息，去帮他取个人物品。这时，看守的“狱警”把所有“囚犯”叫到走廊排队，并开始喊口号：“819是个坏囚犯，因为他死了。”教授回来时看到819号正在低头哭泣，就让他离开，但是被他拒绝了。他对教授说，他不能走，他要留下来向别人证明他不是一个坏“囚犯”。教授告诉他：“你不是819，你的名字是xxx。”这时这个志愿者才恍然大悟，离开了模拟监狱。

教授组织“囚犯”召开了一次听证会，告诉他们，如果有个机会可以要求保释，但之前的报酬就都拿不到了，是否还会选择保释。几乎所有的“囚犯”都同意保释。教授在询问完后说要考虑一下这个提案，并让他们回到“牢房”，居然没有一个“囚犯”提出抗议。这时只要他们中有人提出中断实验，就可以获得和保释相同的结果，但是所有的人已经把实验“监狱”当成真实的监狱了，不懂得反抗了。

到了第五天，志愿者家长请来了律师。因为几天前有一位牧师来“监狱”与“囚犯”聊天，模拟真实监狱中的牧师工作，“囚犯”们请求牧师找律师来解救他们。律师来到现场以后，表示无能为力，因为这仅仅是个实验，家长们的解救行动失败。

最终实验还是在第六天被终止，原因有两个：一个原因是实验组织者从录像中发现，看守的“狱警”在夜间往往会更加残暴地对待“囚犯”，使用各种龌龊的手段折磨“囚犯”，因为他们以为半夜的时候没有人会关注他们的行为。另一个原因是，津巴多教授有一个学生，在哈佛大学心理系任教，津巴多对她说：“我在做一个模拟监狱的实验，你有兴趣的话就来看看。”她来到“监狱”后，当看到“囚犯”戴着脚镣被连在一起，头上套着纸袋，看不到东西，还被看守的“狱警”吆喝着在厕所里跑来跑去。她感到十分震惊，强烈抗议，实验不能这么虐待志愿者。教授这时也才清醒过来，随后终止了实验。

或许我们会困惑心理学教授为什么会如此迟钝，但是在那名教授的学生之前已经有 50 人参观过实验“监狱”，却没有一个人提出过异议。

在这个实验中，所有人都被深深卷入了自己所扮演的角色而无法自拔，不管是虐待者还是受虐者，甚至主持实验的津巴多教授也被卷入其中，成了维持他那个“监狱”秩序的法官。

从这个实验中我们清楚地看到环境的力量是巨大的，人的行为是受所处的环境、所扮演的角色支配的。当把一个好人放入一个糟糕的生活环境中，他很可能就变成一个坏人，因为在特殊的环境下，人的意志力很难和环境力量相抗衡。当希特勒把整个德国变成了法西斯的环境，那些本来善良的人就变成了冷血的刽子手。当把这些人放在奥斯威辛集中营里，他们就变成失去人性的恶魔了。

既然环境的力量是巨大的，那么我们在做户外体验培训的时候，是不是也可以运用环境的力量呢？一定可以，特别是在今天，很多企业员工有过多次参加拓展训练的体验，他们其中也会有因为个别培训师指导不当而留下心理阴影的学员。当这些学员再次参加培训时一定不会像第一次参加时那样心情激动，忘我地投入和参与，所以，培训师一定要学会利用环境的力量，充分调动参加体验培训的所有学员的积极性，使其融入团队的建设中。那么创造什么样的环境才能达到理想的培训效果呢？就是创造一个积极的、充满活力的，以正能量为基础的，以“争第一，做最佳，赢荣誉，创辉煌”为目标的训练环境。

一旦这样的环境创造出来，好处显而易见。因为每个团队中，总有几个学员因为各种原因在态度和行动上不积极、不投入，如果培训师听之任之，不采取措施来改变，结果一定会得到“差评”。当你创造了这种积极向上的环境，你就会发现，那些原本不积极或小有抵触的学员会慢慢地变得积极起来，更多地参与到团队（决策或执行）的任务中。因为大多数人都有从众心理，都希望融入集体，以获得安全感和归属感，而不想成为这个集体中的“另类”而被多数人排斥，这是基本的人性需求。在“断桥”这个项目中，培训师总会遇到某个学员死活不肯上“断桥”去挑战自我的情况，作为培训师，当你学会了利用环境的力量而创造积极的团队氛围时，你会惊奇地发现，到了最后时刻，在“争第一，做最佳，赢荣誉，创辉煌”这样的团队氛围中，那些原本“不敢”的学员被影响、被感染，甚至是被裹挟，从而改变了自己的态度和行为，也努力地爬上“断桥”，完成了挑战自我的一步跨越，实现了“断桥一小步，人生一大步”心理障碍的突破。

这样的结局是不是很美好？团队的所有成员都完成了挑战任务，每个人都沉浸在巨大的自豪感和荣誉感之中，团队从此更加温暖、更加和谐，熔炼团队的目的达到了。还有那些胆量小的学员，从矮人一头的低自尊中解脱，可以昂首挺胸，和大家平等站立。你也因此收获了人生中最宝贵的东西，一些学员可能一生都无法忘掉那个曾经帮助过他的培训老师。

当然，能够创造出这样积极向上的培训环境和团队氛围，需要培训师具备很强的专业能力，以及非常高的专业素养。培训师要有鼓动力和正向气场，在学员面前说话有底气，收放自如，思维敏捷、行动迅速、身姿矫健，这些都是技术活儿，也是拓展培训师的基本功。

第十五节
瓦伦达效应——为什么很多死刑犯听到判决会吓瘫

一次参加公审大会，看到一些重罪犯人被警察押着走来，站在台前，当听到法官高声宣布“立即执行”的时候，其中一些罪犯立刻瘫倒在地，动弹不得，然后被人拖走。当时只知道是被吓的，可又一想，这种结果他们应该有一定的心理准备，可为什么一吓，走路的力气怎么就突然没有了呢？

这些年，当我成为一名拓展培训师，在带领学员训练的过程中，尤其是在完成高空挑战任务，如“断桥、单杠”这样的任务时，发现很多学员都出现过类似“瘫倒”的行为。在爬上“断桥”之前，我会让学员在地面上练习跳跃的动作，使出最大的力气完成这一动作。男士的跨越距离一般是 1.5 ～ 2 米，女士的跨越距离一般是 1.2 ～ 1.5 米，学员在地面上能够很轻松地跳来跳去，可是一旦站在 7 米的高空，我发现一些人就被吓住了，面色惨白，浑身僵硬，两只脚像焊在木板上一样，一步也挪不动，好不容易站到断开的木板前面了，明明眼前的距离比他的能力胜任的距离要短得多，但就是迈不开腿。这个时候我会及时地指导“断桥”上的学员：“你把左脚放在前面。”他想都不想就会问你：“哪个是左脚呀？”按照任务规则，从对面跳回来时，我要把木板抽回来一点，也就是距离要加大一些。只要对面的学员看见我抽板子，立刻摆着手高声喊：“别呀，千万别！”那瞪着眼睛急切的样子绝不是装出来的。

看着他们那种害怕的样子，我常常在想：大家在地面上跳得又远又快，可站到“断桥”上面，明明距离还短了，为什么不敢跳了呢？这是什么原因造成的呢？我开始查阅心理学资料，发现有这样一个研究成果恰好可以解释这个现象，就是“瓦伦达效应”。

瓦伦达效应也叫瓦伦达现象，是心理学一个著名的研究案例。它源自一个真实的事件。瓦伦达，是美国一位著名的高空钢索表演艺术家，经常在高山峡谷、摩天大楼之间表演，以高超的技艺而闻名（见图2-10）。自从干这一行以来，他从来没有出过差错，有一次他所在的演技团要为某个重要的客人进行表演，团里领导决定派他上场。瓦伦达深知这一次演出的重要性，因为很多观众都是美国的知名人物，这一次的成功不仅会奠定自己行业至尊的地位，还会给自己的演技团带来前所未有的支持和巨大的利益。因此，他格外地重视这一次的表演。

图 2-10　瓦伦达高空钢索表演

演出开始了，这一次他没有用保险绳。因为多年以来他从未出过错误，他有 100% 的把握不会出错。然而，意想不到的事情还是发生了，当他刚刚走到钢索中间，仅仅做了两个难度并不大的动作之后，就从高空中摔了下来，一命呜呼。

事后，他的妻子说：“我知道这次一定要出事，因为他在出场前就这样不断地说：‘这次（表演）太重要了，不能失败。’以往在架设钢丝绳时都是他的助手去完成，但是这一次他说什么都不让他的助手去做，一定要亲自来架。架好之后，还总是不放心，一会儿就过去检查一下，过一会儿又过去检查一下，生怕有什么事情发生。”

事故发生之后，一些心理学家对瓦伦达发生事故的原因进行了探究，通过分析他们一致认为，瓦伦达之死最主要的是心理上的原因。

心理学家认为，压力通常有两种：一种是慢性压力，是指一个人长时间生活在一个严酷的环境里，且这种环境得不到改善，甚至有恶化的趋势，从而给人带来压力，这是一种一直存在的压力。另一种是急性压力，是指人在正常状态下，因为某个突发的情况让他感到生存受到威胁时，潜意识告诉他必须要避开、逃走，于是血液瞬间向四肢流去，以增强四肢的力量，大脑因而暂时缺血（这也解释了为什么他们抓住你手臂的力量巨大，大脑却一片空白）。如果此时能够快速地跑掉，躲开危险，血液回流到大脑，一切回归正常；如果没有办法避开危险，压力就会陡然增加，此时极度恐惧的画面就会占据大脑里所有意识、思维的空间，人就会处在不知如何是好的无奈和绝望之中。这种强烈的刺激，使人体内部的交感神经产生剧烈的反应，医学上叫应激。这种应激可以使人对惊吓产生防御反应，心跳突然加快，血液循环加速，同时引起交感神经兴奋，使括约肌松弛，人就有无力感，严重时人还会瘫倒。所以，心理学家的结论是：当一个人的心理压力突然增大时，他的行为能力就会显著降低。瓦伦达演出时的心理状态即是急性压力，当他知道这一次的演出很重要，不同以往，心理压力就突然增大，使他无法专注于技术上的细节，造成行为出现失误，以致事故的发生。

从心理学角度理解了瓦伦达效应，那么就可以很好地解释那些在“断桥”上的学员为什么不敢迈步了。他们在地面上时，没有任何心理压力，无论怎样地跳来跳去，对他们都不会有任何伤害，因此他们可以跳得又快又远；可一旦站到了 7 米的高空，站在窄窄的木板上，就会感到危险、伤害来临了，尽管他们知道安全保护设备万无一失，但在强烈的心理压力之下，早把这些抛诸脑后，此刻塞满大脑的只有一个想法，就是保护自己、别受伤害，所以在这样的心理压力之下，他们的行为能力降低，说什么都迈不开腿了。

学员在“断桥”上出现的这种行为，如果发生在工作上，会带给他们怎样的影响呢？会造成在工作中丧失重要的机会，即在压力下，该做的事不敢做，该说的话不敢说，眼睁睁地看着机会从眼前飘过。机会转瞬即逝，等机会溜走了才悔不该当初。这显然对那些容易产生较大心理压力的学员是不利的。

有个女孩在培训总结时分享了一个她自己的故事，很能说明问题。她说自己前不久，想对部门的业务开拓提出一个建设性的意见，她反复论证，认为她的想法如果能付诸实施，可能会大幅度提升部门的业绩。她觉得自己的专长和优势很适合做这件事，而且一旦做出成绩，自己在公司的发展也将有更好的前景。她几次想向经理申请做这个事情，可就是张不开嘴，生怕被拒绝或遭到嘲笑，想来想去，好像也没有一个万全之策，结果犹豫再三也没有勇气去敲经理办公室的门。过了几天，开部门会议，经理说准备开拓一个新的业务领域，指着一位男同事说：“这项工作由 X X 牵头来做，大家都配合他。”这个女孩儿听完一惊：“这不就是我想做的事吗？”中午在食堂用餐时，恰巧和经理坐在一个桌上，谈起这个事，她小心翼翼地说：“我早就有这个想法，况且，无论是经验还是自己的优势，应该是我做这个业务比较合适。”经理反问：“你有想法，为什么不说呢？现在已经宣布由他负责去做了，怎么可以临时收回成命呢？”女孩最后说，这件事，她肠子都悔青了。她的故事很典型，就是因为心理压力大了，使她的行为能力下降，而造成了她的损失。

其实，这样的事情在我们日常工作和生活中经常发生，如果你畏首畏尾，遇事思虑太多，患得患失、优柔寡断，机会就会瞬间溜走，本该属于你的收益，就会被别人收获。常说，上帝是公平的，对待大家都一样，会把机会分给每个人，就看你能否抓住。

平心而论，这些人的损失是由他们自己造成的，但是作为拓展培训师，你的岗位职责就是帮助这些学员，缓解或者消除他们的心理压力，让他们做更好的自己。

拓展训练是成人教育的一种方式，在提高情商，特别是逆商方面有独特的优势。拓展培训的任务之一就是要帮助那些在培训中因心理压力大而导致行为能力降低的学员，让他们树立信心、突破障碍，实现心理的跨越。培训师要善于结合自己的成功经验，运用掌握的心理学知识，帮助他们分析这种行为出现的原因及后果，教给他们一些消除和缓解急性压力的技巧、方法。

那么，用什么方法呢？首先，我们来看一个急性压力的情境：你所在的公司召开部门人事调整改革的会议，公司的副总和HR经理来参加。领导想听听基层员工对改革的看法，会议期间，副总突然将目光转向你，对你说："请这位员工来发言，说说你对此次改革的意见和看法。"你天生性格内向，不善言辞，平时在公众场合都很少说话，这时公司领导突然要听你的看法，你本不会说，也没有什么想法，可在众目睽睽之下，再看看副总殷切的目光，你又不能不说。于是你的应激反应迅速启动，压力骤然升高，血液循环加快，脸涨得通红，交感神经异常兴奋，结果是大脑一片空白，站在那里张口结舌、呆若木鸡。

这就是急性压力的应激反应，此时你的状态就和站在"断桥"上想跳又不敢跳的学员一样。

大家会发现，在社会生活中出现此类急性压力的人，在人群中的占比很小，那么为什么多数人遇到这种突发情况的时候没有产生太大的压力呢？

认真思考一下，我们就会发现，产生急性压力的人都面对一个相同的困境，就是在面对突发事件时出现了"不得不"的困境。上面案例中你的困境是"明明不会说，但不得不说"，瓦伦达的困境是"明明可以用保险绳，但他为了达到更好的效果不得不要求自己不系保险绳而走出最佳状态”，那个女孩的困境是“明明可以不用想得太多，但她不得不考虑后果”。由此我们发现，突发事件本身不是问题，而对于突发事件的看法才是问题。假如他们对各自的问题选择不同的看法，他们就不会产生急性压力，以及陷入尴尬、不利的境地。比如，案例中的员工回答：“对不起，我对这次改革没有意见，也没有什么特别的想法，让别人来谈吧。”瓦伦达想的是“以不变应万变，不管你们谁来观看，我该怎么表演还是怎么表演”，女孩想的是“速度胜过完美，先把自己的想法说出来”，那么他们就不会产生急性压力，也不会因此陷入困境。所以，事件本身不重要，重要的是你如何看待发生的事，也就是你的“认知”决定了你的压力。

既然是“认知”的问题，那就可以引入一个认知疗法——ABCDE模型，来帮助这些学员。

ABCDE模型是由美国心理学家阿尔伯特·艾利斯在“ABC理论”基础上建立的一个理解和处理心理障碍的框架模型，也可以说是一个整体的理性情绪行为疗法。

在ABCDE模型中，A（activating event）是指诱发性事件；B（belief）是指个体在遇到诱发事件之后而产生的信念，即他对这一事件的看法、解释和评价；C（consequence）是指特定情景下，个体的情绪及行为的结果；D（disputing irrational beliefs）是指对B的审视和置疑；E（effect）是指产生的效果。

艾利斯指出，人的消极情绪不是由某一诱发性事件本身所引起的，而是由经历这一事件的人，对这一事件的解释和评价所引起的。正是由于我们常有的一些不合理的信念，才使我们处在无法排解的情绪困扰中。通常人们会认为，诱发事件A直接导致了人的情绪和行为结果C，发生了什么事就会引起什么情绪。然而，你有没有发现，同样一件事，对不同的人，会引起不同的情绪。比如，同样是报考英语六级，两个人都没有通过。甲的反映是无所谓，因为他觉得这次考试只是试一试，考不过也没关系，下次可以再来。乙的表现却是情绪低落，他想：“我精心准备了那么长时间，竟然没考过，我真的是太笨了，人家会怎么评价我，简直没脸见人了。”又比如，同样是丢了钱包，甲埋怨自责，痛苦懊悔；乙则认为破财免灾，没啥了不起。为什么有如此的差异？就是因为诱发事件 A 与情绪、行为结果 C 之间，还有个对诱发事件 A 的看法和解读的 B 在起作用，不同的 B 带来的 C 大不相同，也就造成甲是压力山大，乙基本上没有压力。

那么如何来解决甲的情绪压力呢？就必须用到 D。当事件发生后，甲对这一事件的看法、解释和评价，即 B 是消极的，但是当他知道使用 D，对 B 进行审视和置疑的时候，他会对自己说：“我刚才的看法和评价即 B，是对的吗？我不可以有其他的看法吗？”当他思考一番之后，便可以产生一些积极的看法和评价，此时 B 是积极的，由此消除了情绪的压力，得到了积极、愉快的效果，即良好的 E。

当我们在培训中遇到这种胆量较小的学员时，可使用 ABCDE 这种认知疗法，能够帮助他们有效地消除或减轻压力。

当然，对于急性压力这一类学员还要提前做功课。人贵有自知之明，每个人都清楚自己的劣势，当你知道自己胆量不大的时候，你就应该提前做一些准备工作，即采取避险措施。首先，远离那些挑战胆量的活动。比如，当有人邀请你去蹦极时，你可以准备好借口告诉他：“我有心脏病，你不知道吗？”有人让你跨过“断桥”时，你斩钉截铁地回复：“我认为不该做的事，坚决不做。”其次，建立多元文化价值观。在这个世界上，每个人都有独特性，有自己的优势、长处，也有自己的劣势和不足，你不必随波逐流。企业文化、价值观倡导的是诚信、勇敢，可自己偏偏胆量不够，你也不必因此内疚和自责，你可以告诉自己：“你们的勇气可嘉，本人自愧不如，可我也有我的长处和优势，是你们比不了的，同样可以为企业、组织做出突出贡献，大家是互补的。”如果你是这样思考问题的，反而会促使你发挥自己的优势，当你有了成绩、做出了贡献，自然就弥补了你的劣势和不足，从而获得尊严和价值感。

这就是瓦伦达效应给我们培训工作者的启示，我们无法改变学员的性格，但是我们可以运用我们的专业、专长帮助他们。

第十六节
共生效应——有天才有地，有你才有我

共生效应来自生物学对自然界动植物共生现象的研究。两种不同的生物生活在一起，相互依存，对彼此都有利，这种生活方式叫作共生。共生是一种生物之间相互依赖生存的方式，也是一种现象。两种生物个体间发生相互合作关系，双方均获益，此种结果为物种的生存和繁衍打下了基础。以后对共生现象的研究逐渐延伸扩展到人际关系心理学的领域。

生物界的生存法则是弱肉强食，丛林法则，但是，多年前科学家发现了一个很有趣的现象，就是有些动物本来可以轻而易举地吃掉比自己弱小的动物，但它们并没有这样做，反而是宽容地任由它们在自己身上往来。为什么会这样呢？科学家研究发现，不是这些猛兽"心慈手软"了，而是它们需要这些弱小动物的帮助，以解决自己解决不了的问题，所以才不吃掉它们。比如，鳄鱼与牙签鸟的共生现象，如图 2–11 所示。

图 2–11　鳄鱼与牙签鸟的共生现象

鳄鱼对待其他动物一向凶残，为什么对待牙签鸟却是那样的仁慈和谦让，而牙签鸟也不害怕被鳄鱼一口吞掉却敢于从它口中取食呢？这是因为牙签鸟与鳄鱼之间有着相互帮助的友好关系。

> 凶猛的鳄鱼饱餐一顿后，就在河边闭目养神，或爬到沙滩上沐浴阳光，顺便等待牙签鸟飞来为它“剔牙”。不一会儿，许多牙签鸟就会飞过来。看到鳄鱼已酣酣入睡，牙签鸟毫不客气地拍打着翅膀，将它从睡梦中唤醒。鳄鱼顺从地张开嘴巴，让牙签鸟飞到自己的大嘴里，把嵌在牙齿缝间的鱼、蚌、蛙、田螺等肉屑一一啄取出来吃掉。鳄鱼被这样尽职的卫生服务员“伺候”得舒舒服服，有时会慢慢睡着，突然闭上大嘴，把牙签鸟关在里面。不过，不用担心，牙签鸟只要用尖硬的喙，轻轻地触碰鳄鱼松软的口腔，鳄鱼便会立刻张大嘴，让这些鸟继续工作或飞离。另外，牙签鸟还是一种非常机敏的鸟，它在啄食鳄鱼牙缝中的残食时，格外警惕周围的一切，充当鳄鱼的义务警卫员。一旦发现了“敌情”，便惊叫几声向鳄鱼报警。鳄鱼得到报警信号后，便潜入水底避难。

鳄鱼向牙签鸟提供食物的同时，也得到了牙签鸟对它牙齿的保护，以及避开了其他猛兽的侵害，牙签鸟在获得食物的同时也保护了鳄鱼，双方互利互惠，因此而共生。自然界的这种共生现象还有很多，比如固氮菌与豆科植物共生，原生动物鞭毛虫与反刍动物（如牛）共生，白蚁和鞭毛虫共生，地衣、藻类与真菌共生，犀牛和犀牛鸟共生，等等。

我们联想一下，在拓展训练中，培训师与学员之间的关系是什么呢，或者说拓展培训与企业和各类社会组织（客户）是什么关系呢？其实也可以理解为一种“共生关系”。彼此之间相辅相生，拓展培训师说到底是靠企业和各类社会组织生存和发展，如果没有这些组织来参训，培训师至少在这个行业就失去了存在的意义；企业和各类社会组织则需要拓展训练师来帮助它们打造团队凝聚力，因为没有凝聚力，企业和组织将失去市场竞争力。二者相互需要、相互帮助，你帮我实现价值，我帮你熔炼团队。这种彼此的需要是客观存在的，但不一定是长久的，如果“帮助”不到位，这种共生关系就无法持续下去。

如果把拓展培训师比作牙签鸟，那么客户就是鳄鱼。鳄鱼为牙签鸟提供食物，那牙签鸟必须满足鳄鱼的需求。鳄鱼的需求是什么呢？就是把牙缝里的所有的食物残渣都给我干净、彻底地吃光，不留丝毫隐患，以免残渣腐蚀牙齿。牙齿是鳄鱼获取食物的“武器”，假如牙齿出了问题，它的生存会受到威胁。如果牙签鸟满足不了鳄鱼的需求，不能做到干净彻底地清除食物残渣，那鳄鱼一定不会顺从地张开嘴吧给牙签鸟提供“食物”。在生物进化的过程中，鳄鱼可能也是想了各种办法来清洁牙齿的，那为什么会最终选择了牙签鸟呢？是因为这些鸟儿能够满足它们保护牙齿的需求。同样，拓展培训师要想得到客户的“青睐”，那就必须像牙签鸟满足鳄鱼的需求一样去满足客户的需求，这个道理显而易见。

综观拓展训练行业的现状，却是另一番风景。拓展训练，现在被称为“团建”，也可以叫户外体验式培训，它在中国已有 20 多年的发展历史。时至今日，毫不夸张地说，有太多的“牙签鸟”（拓展培训师）满足不了“鳄鱼”（客户）的需求，而导致“鳄鱼”对“牙签鸟”大失所望。当一个客户对供应商提供的产品或服务失望了，客户还会购买这个产品和服务吗？当然不会。拓展训练这个培训项目或称产品，如果放任自流地发展，这个行业前景堪忧。

有人会提出质疑：“说得太严重了吧？我们看到的是，受欢迎的培训师一个月三十天排得满满的。在培训旺季，很多拓展公司一‘将’难求，聘请一个培训师非常困难，这市场还不够火爆吗？行业还不够兴旺吗？的确如此。我们只看到了行业表面的红红火火，却没有注意到它暗里潜伏的危机。

毋庸置疑，拓展训练在中国出现的时候，它为客户创造了很高的价值，但同时也不能忽略它是一个不成熟的产品。从 1995 年正式推向市场，到 2005 年，老一辈的拓展人用了 10 年的时间把这个产品做到了基本完善。按照设计，再用 10 年的时间，也就是在 2015 年前后，将这个产品打造成优质的产品，而优质产品的标志就是可以给更多的客户创造更大的价值。如今，已经步入第三个 10 年，综观拓展行业现状，现在我们称之为“团建”的拓展训练不仅没有给客户提供更大的价值，反而比 10 年前所提供的价值缩水了。怎么会这样呢？

当年，拓展训练这个培训产品刚出现在市场上，恰逢中国的改革开放进入新阶段，企业和组织为提高市场竞争力，将培养员工的团队精神、提高团队的凝聚力放到重要位置，拓展训练生逢其时，它极大地满足了企业和组织的需要。拓展训练这个产品在满足企业和组织需求的同时，也为自己的企业创造了很高的利润，这让很多人得了“红眼儿病”，也希望分得一杯羹。于是很多人进入这个行业，开始去模仿。

拓展训练是一个专业性、技术性很强的培训项目，拓展培训师需要经过严格的培训，而且培训费用高昂，不是一般个人或实力较弱的小公司能承受得起的。第一个学习拓展训练这项技术的是山东的胜利油田，花费了 80 万元。再看这些模仿者，绝大多数是个人，没有稳定的收入，他们看到了拓展训练的商机，也想为此一搏，但是他们没有这个实力去学习，怎么办？只好模仿，照猫画虎，照葫芦画瓢。当时，有不少人悄悄跑到我们的训练基地，在没有学员训练的时候，他们拿一把盒尺，把所有训练设施的尺寸、规格测量并记录下来，然后回去照着去做。市场上充斥着各种假冒伪劣产品，给使用者带来了巨大麻烦，甚至造成了严重后果。曾有公司因训练设施、器械不合格，造成严重的事故。

如果说拓展训练的“硬件”可以仿造的话，那“软件”的仿造就难了。因为拓展训练是一项专业知识加技能的综合项目，拓展培训师不仅要掌握扎实的专业知识，还要有过硬的技能。从理论层面上讲，什么是拓展训练？什么是体验式培训？拓展训练的功能和作用是什么？培训的流程是什么？通过拓展训练，要达到什么结果？从操作层面来讲，几十个挑战任务如何操作与实施？规则是什么？培训师如何控制过程？安全的要求和制度是什么？……这些都掌握在掌握在成熟的拓展公司手里，他们想要学到这些是要交“学费”的。于是，只好在黑暗中摸索，想当然地去操作，结果就是把拓展训练做成了令参训学员厌烦、恐惧、抵触，一项低级的集体活动。那些参加了此类“培训”的学员会认为：“原来拓展训练就是这个样子啊！没有什么价值！”这类培训公司很多，遍布全国各地，如此一宣传，整个社会就形成了对拓展训练品质低下、毫无意义的共识。这对拓展行业是一个重创，对实实在在做拓展的企业和它的拓展培训师们是一个重创。这个情况说明了什么？“鳄鱼”已经对“牙签鸟”的服务极度地不满意了。不满意的结果是什么呢？就是“鳄鱼”会毫不客气地对“牙签鸟”闭上它的大嘴了。一旦这一天来到，“牙签鸟”们再也无法得到来自“鳄鱼”的“食物”了，只能另谋生路。

因此，现在的拓展培训师——拓展行业的“牙签鸟”，一定要明白这个共生效应，如果不能互利互惠，共生就一定会终止。那么，我们现在应该还有时间，因为替代产品还没有出现，如果从现在起，我们每个拓展人都能够进入专业的机构来学习，提升自己的专业水平，我们的服务上去了，品质上去了，“鳄鱼”对我们的印象改变了，他们的“大嘴”还会张开，我们与其共生还会继续。

第十七节
光环效应——没有付出就没有收获

光环效应又称“晕轮效应”，它是一种影响人际知觉的心理现象，是指人们在人际知觉中所形成的以点概面、以偏概全的主观印象，就像月亮形成的晕轮一样，在云雾的作用下，向周围弥漫、扩散，形成一层亮亮的薄雾，遮挡了人们的视线，让人们看不到薄雾后面是什么，而误以为这层亮亮的薄雾就是最真实的一切。心理学家把这种人们看待事物的心理反应形象地称为光环效应，如图 2–12 所示。

图 2–12　光环效应

在社会生活中，人们对他人的认知判断首先是根据个人的好恶得出的，然后从这个判断推论出认知对象的其他品质。如果认知对象被贴上“好”的标签，他就会被“好”的光环笼罩着，并被赋予一切好的品质；如果认知对象被贴上“坏”的标签，他就会被“坏”的光环笼罩着，他所有的品质都会被认为是坏的。由此造成最初印象决定总体看法，而看不准对方真实品质的情况。

光环效应是心理学家用实验证明的、真实的客观存在，它本身没有好与坏之分，只是看它发生在什么场合中，而不同的场合会导致不同的结果。俄罗斯大文豪普希金疯狂地迷恋上了莫斯科第一美女娜坦丽，并且和她结了婚。在普希金看来，一个漂亮的女人也必然有非凡的智慧和高贵的品格，然而事实并非如此。娜坦丽容貌动人，但与普希金志不同、道不合，当普希金每次把写好的诗读给她听时，她总是捂着耳朵说："不要听！不要听！"相反，她总是要普希金陪她去游乐，出席一些豪华的晚会、舞会。普希金为此丢下创作，弄得债台高筑，最后还为她决斗而死，导致一颗文学巨星过早地陨落。

一些精明的商家利用光环效应，把生意做得风生水起：前几年，封面上印有"哈佛名著"字样的图书，比没有这些字样的同类图书售价高出一倍；一条出自知名服装设计师之手的普通牛仔裤的价格可以要出天价；荒唐的是，法国艺术家杜尚在杂货店买了一个男士小便器，在上面签上自己的名字，结果被国家博物馆重金收藏……

所以，我们要了解光环效应的原理和作用，当我们了解了这一切之后，拓展培训师就可以巧妙地利用这一心理效应来达到自己想要的良好的培训效果。

光环效应与首因效应的作用及原理非常相似，都是一个人的某种行为表现被认可之后而产生的认知夸大现象，但是两者在培训中的巧用有较大的不同。如何利用首因效应呢？培训师通过精心设计自己的仪态及言谈举止，给学员留下最好的第一印象，从而迅速获得学员对自己的接受和认可，并爱屋及乌地接受你的一些小缺点。首因效应解决的是培训师初次与学员相见时，让学员放下怀疑和自我防卫心理，使关系迅速融洽起来。这一点，任何一个培训师只要他懂得首因效应的原理及作用，稍加注意都可做到。

光环效应则不同，如果一个培训师要想在自己的头上制造一个“光环”出来，也就是让学员对你的某一种素质或是能力产生敬佩之心，这可不是一件容易的事。拿登山来比喻，如果说利用首因效应来解决培训效果的问题只是需要爬上故宫后面的景山，那么利用光环效应来解决此问题就是登顶珠峰了。两者之间的差距巨大，因为它们付出的代价相差甚远。那些头顶上有着巨大“光环”的人，像成功的企业家、世界级运动员、大思想家、大科学家等，他们为国家甚至世界做出了卓越贡献。当然，也有平凡的普通人，他们做出了不平凡事情。比如，一位捡破烂的老爷爷，把自己一辈子省吃俭用积攒下来的钱全都捐给了希望小学，他因此也成了大众眼里的“名人”。这些人之所以成为“名人”，并不是因为运气好，而是他们付出了常人不能付出，或是不愿付出的努力。如果把这些人成功的原因总结一下，我相信最重要的一条就是：加倍地付出。

钢琴家郎朗在中国家喻户晓，他也是励志的典型之一。2001—2007年，郎朗平均每年世界巡演约150多场，成为世界范围内演奏最多的钢琴家，征服了世界古典乐坛。他也是首位在22岁前就和世界著名乐团包括美国五大爱乐乐团、柏林爱乐乐团、维也纳爱乐乐团合作过的音乐家。你瞧他头上的光环有多亮堂：“当今世界最年轻的钢琴大师”“中国的莫扎特”“中国的名片儿”……

光环给郎朗带来人生的荣耀，但是很少有人知道，在光环的背后郎朗付出了怎样的艰辛和磨难。下面是郎朗七岁时的练琴时间表。

早晨：5:45起床，练一小时琴。7:00上学。

中午：回家吃饭15分钟，练琴45分钟。

晚上：放学后，练两小时琴。吃晚饭时能看动画片。晚饭后练两小时琴，然后做作业。

我们不难看出，年幼时期的郎朗每天保证近6个小时的练琴时间。

除此之外，在节假日和寒暑假期间还会加倍练习，每天的时间几乎全部被钢琴占据。

没有哪个孩子愿意过这样的生活，他之所以可以坚持下来，除了自己的倔强，还因为他有个严厉、全力支持他的父亲。郎朗小时候，他为了带儿子去北京深造，毅然辞掉了自己在家乡的工作，留下妻子一人在家赚钱养家。这种孤注一掷的行为最终成就了郎朗，郎朗也因此背负了全家人的希望，其中的艰辛别人怎能知道。

更多的磨难、打击、挫折，看一下郎朗的自传《千里之行，我的故事》就会了解到。

其实，每个头顶“光环”的人都是经历过这些苦难的。千古帝王师，也受过普通人的磨炼，“舜发于畎亩之中，傅说举于版筑之间，胶鬲举于鱼盐之中，管夷吾举于士，孙叔敖举于海，百里奚举于市。”这才有了孟子激励后人身处逆境、不改其志的名句：“故天将降大任于是人也，必先苦其心志，劳其筋骨，饿其体肤，空乏其身，行拂乱其所为，所以动心忍性，曾益其所不能。”

普通人对此的看法就比较简单了，但形象实在：“要想人前显贵，就得人后受罪。”

一个拓展培训师要想得到理想的培训效果，也需要制造自己头上的“光环”；但是，“光环”不是轻易就能获得的，在这个过程中，培训师要走过艰难曲折的学习道路。为此培训师要发愤图强，在体能上、技能上、理论上练就一身过人的本领。有了这身本领，才能真正帮助到学员。学员有了良好的学习体验，才会钦佩你，爱戴你。如此你便拥有了一名拓展培训师闪耀独特魅力的“光环”，如图 2–13 所示。

这个“光环”就是学员对你的工作表现的认可。学员由对你的工作表现的认可，延伸到对拓展训练这种成人学习方式及团队熔炼形式的认可，进而赢得大众对拓展训练的认可。拓展培训师谨记：付出就会有收获。

图 2-13　培训师的光环效应

第十八节
华盛顿合作定律——企业和组织为什么要“团建”

这两年来，拓展训练改叫“团建”了，早在2008年，我在拙作《做最好的拓展培训师》一书中把拓展训练定义为“拓展训练就是团队训练”。其实叫什么不重要，重要的是你能不能把参训企业的团队建设做到位。要想做到这一点，拓展培训师或是“团建教练”要真正地懂得“团队训练”。这里所说的懂，不是看过一些资料文献，了解了一些诸如团队发展阶段论、团队的5P理论等基础理论，也不是背了几句团队合作的名言警句，而是要知道企业和组织为什么需要团队建设，其目的是什么？只有准确地了解了其需求，才有可能提供适合的产品。

事实上，企业和组织需要团队建设的目的只有两个：一是员工通过协作，产生1+1>2的工作绩效，发挥“团结就是力量”的效用。因为一个人能力再大，哪怕是三头六臂，那也是一个人的力量。“一个好汉三个帮”，每个想干一番大事的人都懂得这个道理。无论是古代成就霸业的帝王，还是当今名声显赫的企业家，第一要事是什么？当然是组建团队。要物色几个愿意帮你干成这个大事的人，组成一个有共同目标和愿景的核心团队是首要任务。二是减少内耗。“想干大事”和“把大事干成”是两码事。想干大事的人很多，但真正能干成的人没有几个。回顾古今中外的历史，你会看到，干成大事的团队一定是内耗较少的团队，它们拧成一股绳，无往不利。组织内部为什么会有内耗？这是由人的生存本能所决定的，可以说内耗是人类趋利避害的本性。在心理学上有一个定律，叫“华盛顿合作定律”（见图 2–14），即一个人敷衍了事，两个人互相推诿，三个人则永无事成之日。这个定律与我们传统文化中的小故事“三个和尚没水吃”如出一辙。

图 2–14　华盛顿合作定律

如果这个定律只是陈述了一个事实，那么德国科学家瑞格尔曼的拉绳实验则是用数字说话，用事实说话。他做了一个实验，参与实验的人被随机分成四个小组，每个小组的人数分别为 1 人、2 人、3 人、8 人。瑞格尔曼要求各组用尽全力来拉绳子，与此同时，他用精确灵敏的测力器来测量各小组所用的力量。测量的结果出乎意料：两人组的拉力只为单独拉绳时两人拉力总和的 95%，三人组的拉力只是单独拉绳时三人拉力总和的 85%，八人组的拉力则降到单独拉绳时八人拉力总和的 49%，如图 2–15 所示。

图 2–15　瑞格尔曼的拉绳实验

这个实验说明，人多并不一定力量大，反而有时候力量小了。为什么一个人的时候他全力以赴，人多的时候他就不再用尽全力呢？共同完成一项任务时，群体人数越多，个人出力越小，有人把这种现象称作社会惰化。如果你在一个大企业里面工作过很多年，并且从基层到中层，又从中层走到高层，那么你就一定会有太多的事例来证实这个实验的结果：制度不完善，责任感缺失，利益引起的冲突，等等，形成组织的内耗，严重影响了企业和组织的发展。组织内耗，也就是我们俗称的“窝里斗”，不仅耗费了组织的资源能量，降低了组织的运转效率，而且影响了组织的正常效能，损害了组织的整体效益。

组织内耗与组织群体的规模紧密相关。一般认为，合作群体的成员越多，组织内耗就越严重。两个人之间只存在一种关系，三个人就会存在三种关系，四个人就会存在六种关系，以此类推，成员之间相互关系的数量呈几何级数增长。成员关系越复杂，组织内耗就越大。所以，一个人完成任务的主观能动性最高，内耗最少，因为他别无选择。两人合作完成一项任务时，就有可能互相推诿，内耗增加。人越多，内耗越大，群体的主观能动性也就越差，而最终导致组织目标无法顺利达成，甚至不能达成。

了解了这个现实，知道了企业和组织进行团队建设的目的，那么我们提供团队建设产品的培训师能够做什么呢？

培训师一定要清楚自己的作用，也就是我们可以帮助企业和组织做些什么？可以做到什么？ 根据20多年积累的培训经验，我觉得拓展训练一定可以在“团结协作、消除内耗”这个问题上帮助到企业和组织。

既然可以做，接下来的问题就是怎样做？这个问题很关键，做好了，培训发挥作用了，给企业和组织带来了益处，他们就会觉得拓展训练有用；相反，他们就会认为作用不大，甚至根本没有作用。如果越来越多的企业和组织认为这种培训没有作用的话，我们就只能回家“卖红薯”了。所以，这是关系到拓展训练行业生死存亡的大事。

要成功地做一场以团队建设为主题的拓展训练，有三件大事要做到位：一是观念认同，二是解决问题，三是创造积极和友好的培训氛围。

第一，观念认同。就是让学员认同一个事实，即假设每个团队成员都能够做到舍小利、顾大局，密切地协调配合，那么团队的绩效产出就一定会高，高产出就一定会有高回报。什么是高回报？就是精神的和物质的高收益。团队有了高收益，团队成员也自然有了高收益，这是每个团队成员都不会拒绝的。有了前面观念的认同，学员也就有了对培训师的认同，有了对拓展训练这个培训项目的认同。

为什么把观念认同放在前面呢？这是前提，不解决这个问题，后面的培训就无法开展。当今，企业为培养自己的企业文化，形成组织的凝聚力，会组织员工参加各种集体活动，新鲜感已不再是吸引他们的手段了，因此培训师要想让企业员工配合完成培训任务，就要做到观念认同。如果他们认同你的观点，就会积极地投入和参与，否则他们对你的培训根本没有兴趣，也没有动力参加这样一种训练。

第二，解决问题。观念认同了，接下来是解决实际问题。如何获得高回报呢？就像挖金矿，需要有挖到金子的能力和本事。那么如何具备这些能力和本事呢？美国管理大师德鲁克一语中的：do right things，即做正确的事。管理学教授通常的做法是让你 do things right，即把事情做正确。“做正确的事”和“把事情做正确”不是一回事。“做正确的事”是在做事情之前就有了清晰的规划与判断，知道事情的结果一定是正向的、积极的。来看拓展培训师是如何“做正确的事”的。

我们可以根据客户需求情景模拟一个企业现实的场景，让每个学员做角色扮演，并告诉他们：“我现在传达你们的领导给你们这个部门 / 团队布置的任务，要求你们在规定的时间内保质保量地完成这个任务，大家有没有信心？”接下来告诉学员任务内容说明、须遵守的规则、时间限制等，布置好任务，并宣布计时开始。这个任务的设计通常会比在现实工作中要难一点，但一定是可以完成的。只要严格要求，多数的团队都会完成任务，但总会有团队因为这样那样的原因不能完成任务。当有团队不能完成任务的时候，就是培训师发挥“教育作用”来解决问题的时候。首先，培训师要把完成任务的正确方法告诉学员，然后带领学员分析没有完成任务的原因，用“复盘”的管理技巧重新回顾完成任务的过程，就可以看到是哪一步走错了，即发现“漏水”（木桶原理）的地方。错误有各种表现，如决策层的问题，体现在领导力弱，对沟通、决策过程缺乏控制，没有计划，没有提升效率的方法，等等；执行层的问题，职业化训练不够，心态不好，个别员工能力不够，不称职，在执行中“掉链子”（木桶的“木板”糟朽了），等等。确定哪个环节出了问题，就在哪个环节上展开讨论，用催化的技巧引导学员发现问题并找到解决问题的方法和途径，这是最好的结果。在你的引导下如果学员不能顺利地发现问题，那就干脆直接讲给他们到底哪一步错了。多数学员理解了你的分析，对你的建议认同了，那么“水桶”的缝隙或短板，也就是团队的不足就补上了，这就是拓展训练帮助学员解决问题的方法和途径。当然，这个帮助的程度如何？帮助的效果可以延续多久？因人因事而异。其结果是由很多因素决定的，比如培训时间的长短，培训的后续跟踪，学员的悟性，学员举一反三的能力，企业的配合度，等等。

需要强调的是，培训不是教育。广义地理解，凡是增进人们的知识和技能，影响人们的思想品德的活动都是教育。培训是对经过教育的成年人在工作岗位上观念、知识、技能上的查漏补缺。因此我们不能用大学教授的标准来要求培训师，反之，培训师也不要误以为自己是全能的教育家。影响一个企业的业绩增长、一个组织的高效运作的因素有很多，而打造团队精神只是其中一个小小的任务，况且这个任务完成得再好，都不会直接产生利润，拓展培训的作用只是帮助企业和组织打造团队凝聚力，从而降低组织内部的交易成本，所以消除内耗是企业和组织对拓展训练工作者的期望和要求。如果我们不能帮助企业和组织哪怕是在最低限度上解决这个问题，我们培训工作者的价值将荡然无存。

这就是华盛顿合作定律和拉绳实验给我们的启示。只要有组织，只要是一伙儿人在一起做事，就一定会有“内耗”产生，这就是拓展训练在市场中能够存在的根本原因。此外，还有一个原因，就是员工长时间处于一种工作环境中会产生“职业倦怠”，这个概念是弗登伯格在1990年提出的。它是指“个体在长期职业压力下，缺乏应对资源和应对能力而产生的身心耗竭状态”。企业和组织要改变员工的这一状态，需要给他们换一个环境，需要进行“团队建设”，那么拓展训练就成为这些企业和组织的首选。

这表明，拓展训练对企业和组织的团队建设有用，有能力、高水平的拓展培训师对他们有用，那么拓展培训师们：努力！加油！

第十九节
巴纳姆效应——获得学员高分评估真的不难吗

每个拓展培训师都热切地希望一次培训之后，能看到学员在“培训师培训表现评估表”上给自己的分数是高高的，但现实是残酷的，很多培训师在看了学员给自己的评价之后都很失落。我自己在刚开始做拓展训练的时候也是这样，培训期间感觉自己已经很努力了，在做总结分享时也做了充分的准备，但是不少学员给你的评价并不高。为此，我尝试了很多办法来改善，但在很长一段时间这种情况并没有明显好转，每次培训之后，发现总有那么三五个学员给你的评估分数比较低。

在拓展培训师的队伍里，学员对你的评估是公开的，目的是相互促进、共同成长，但客观上也形成了一个竞争的环境。培训师之间会有比较，你的评估分数很低，脸上也无光啊，特别是我还是管理培训师的总监，技不如人，如何服众，这让我很懊恼，也很着急。这三五个人为什么会给我打低分？就这个问题我请教过几个学员评分较高的同事，他们帮我分析原因，认为是学员个体的不同所造成的结果。因为来参训的学员在年龄、性别、教育背景、生活经历、脾气秉性、智商情商、培训需求等方面各有不同，如果培训师用同一种方法、讲授同一个案例给不同的个体，一定会有人不赞同你的。这个问题如何解决呢？

我有个朋友是北京大学心理系的教授，当年我们是北京市委组织部的同事，后来他去深圳闯荡，有一次他从深圳回来请我喝茶，和他聊到了我的困惑，他对我说：“你可以试试巴纳姆的办法。”他简单地给我介绍了一下这个方法，第二天我便跑去书店买了些相关的书籍资料。学习和研究之后，我按照巴纳姆的方法调整了自己的培训教案，经过几次培训后，发现效果非常显著，学员评估的高分比例从原来的 60% ~ 70% 竟一下子上升到了 85% 以上。这个办法就是有效利用心理学上的“巴纳姆效应”，如图 2–16 所示。

图 2–16 巴纳姆效应

肖曼・巴纳姆是一位著名的魔术大师，他的演出深受当地居民的欢迎，看过他演出的人都对他的表演赞不绝口。有媒体采访他，问他是怎么做到的，他回答说，自己之所以很受欢迎是因为节目中包含了每个人都喜欢的内容，因此“每一分钟都有人上当受骗”。

心理学家伯特伦・福勒听到巴纳姆的事情后，就想弄明白背后的原因，是不是“让每个人都喜欢”这件事真的能做到？其心理学原因是什么？于是他在 1948 年做了一个实验，他自己编了一段话，是一段对人性格的描述，内容多是从星座学里抄来的。然后，他随机找来一些大学生，这些大学生在年龄、性别、家庭出身、所学专业上有很大差别。福勒让他们阅读自己编的这一段话，要求他们做出判断，这段描述是否准确，并对测验结果与本身特质的契合度进行评分，0 分最低，5 分最高。下面是福勒关于人的性格的描述。

你很需要别人喜欢并尊重你，你有自我批判的倾向，你有许多可以成为你优势的能力没有发挥出来，同时你也有一些缺点，不过你一般可以克服它们。你与异性交往有些困难，尽管外表上显得很从容，其实你内心焦虑不安。你有时怀疑自己所做的决定或所做的事是否正确，你喜欢生活有些变化，厌恶被人限制。你以自己能独立思考而自豪，如果别人的建议没有充分的证据你不会接受。你认为在别人面前过于坦率地表露自己是不明智的。你有时外向、亲切、好交际，有时则内向、谨慎、沉默。你的有些抱负往往很不现实。

统计结果令福勒大为惊奇，学生的平均评分竟高达 4.26 分，属于高度契合，而且很多大学生都向他表示，这段话将自己刻画得细致入微，准确至极。为什么会是这样一个结果呢？为什么有很大差异的学生竟然会有高度相同的答案呢？带着这个疑问，福勒随后进行了深入的研究，最后他找到了问题的答案。他认为："每个人都很容易相信一个笼统的、一般性的人格描述特别适合自己，即使这种描述十分空洞，仍然认为反映了自己的人格面貌，哪怕自己根本不是这种人。"后来他把自己的研究成果以魔术大师巴纳姆的名字命名，把人们的这种心理现象叫作"巴纳姆效应"。

在另外一个类似的研究中，也有与福勒差不多的结论。这一次学生用的是明尼苏达多项人格问卷（MMPI），研究者对测试结果进行统计分析并得出评价报告。研究者先写下学生测试后实际的《个性评估报告》，又编写出一份假的《个性评估报告》。这份假的《个性评估报告》使用了一些模糊的、笼统的、几乎适用于任何人的描述。然后，将两份报告同时给了参与测试的学生，让学生回答"哪一份评估报告契合自身实际情况？"结果是，59% 的学生选择了那份假的评估报告。

近年来，随着科学的发展，越来越多的事实证明了福勒当年判断的正确性。基因学的研究发现，每个智人的相似度能够达到 99.9%，相似的基因造出相似的大脑，相似的大脑工作机制又导致每个人相差不多的思维，尽管不同的生长环境、不同的文化背景会对每个人的思维产生影响，但大体上来说，每个人的情感、个性上总有很多共同的东西。也就是说，尽管每个人都有很多外在的不同，但事实上在“里边儿”，即内在每个人都相差不多，这是根本的原因。此外，人类普遍有一种思维方式，就是心理学上所说的“主观验证”作用，即“如果想要相信一件事，我们总可以收集到各种各样支持自己的证据。就算是毫不相干的事情，我们还是可以找到一个逻辑，让它符合自己的设想”。

在现实生活中，巴纳姆效应的应用很多，比如算命。算命是不科学的，但总有那么一小部分人相信算命先生的话是真的。在这一小部分人中，第一个人去算命，他觉得算命先生算得很准；第二个人去算命，他觉得这位算命先生真了不起，算得太准了；于是很多人去算命，都认为算命先生算得“很准”。其实，并不是算命先生算得有多准，而是他事先做足了功课。可以说算命先生是运用巴纳姆效应的高手，他巧妙地运用福勒所说的“每个人都很容易相信一个笼统的、一般性的人格描述特别适合他”，而编造出模棱两可、似是而非的话，无论你怎样理解这些话都不会错。比如，他算你老家的情况。如果你是南方人（听口音就会知道），他会说“你家附近有条河”；如果你是北方人，他就说“你家附近有条马路”。再比如，算你个人的情况。如果你是女性，他会说“你最近家庭上有点麻烦”；如果你是男性，他会说“你最近事业有点儿坎坷”。如果你想知道孩子的学业，他会告诉你：“你家孩子其实挺聪明的，就是有点贪玩。”是不是都让他说中了？要求算命的那些人，多数正处在生活、工作不顺利的时候，对未来缺乏掌控，没有安全感，情绪低落，信心全无，此时心理上的依赖性就大大增强了，更容易接受暗示。算命先生善于察言观色、揣摩人的内心感受，几句话后就能把你猜个八九不离十，说到你的心坎上，你这个求助者立刻会感到一种莫大的精神安慰，如果那些话更接近你的现状的话，你真的就会感觉“哇！太神奇了，怎会算得这么准，真是活神仙啊！”接下来你就进入了他的“神算”（见图 2–17）通道，心诚则灵，你会主动接受他的暗示，破财免灾了。无意外的话，他们的目的都会达到。

图 2–17 “算神”

虽然算命先生不是我们要褒扬的，但他称得上是运用巴纳姆效应的反面“典范”。

还有西方发明的“星座学”，与这算命方法如出一辙。12 个星座所代表的人格特征都有清楚的表述，但是如果你把这 12 个表述完完整整地看过之后会发现，无论你是属于哪个星座，其他 11 个表述大部分也适合于你。

这就是巴纳姆效应。理解了这个效应，就理解了我们工作生活中的“心理验证”现象，那对我们拓展培训师会有什么启示和帮助呢？

如果把拓展培训师比作演员，那么观众就是你面对的学员。面对多样性的“观众”，拓展培训师要学会运用自己的表演技能，将“观众”带入你的情境，和你产生共鸣，通过你的角色扮演对“观众”起到教化作用，将正能量传递给他们。对于培训师来说，就是要让绝大多数学员认同你的观点，收获你对他们未来工作和生活的指导。

当今，科学在很多领域实现了前所未有的突破，但是距离揭示人类内心的奥秘似乎还有很多的路要走。弗洛伊德、荣格、阿德勒、卡尼曼等著名的心理学家前赴后继，不断地研究和探索，他们研发出各种问卷、量表，试图准确地揭示人类的内心世界。比如，美国心理学家凯恩琳·布里格斯和她的女儿伊莎贝尔·布里格斯·迈尔斯共同开发的性格量表——MBTI，无论从信度还是效度上，都达到了很高的程度，成为当今世界上应用最广泛的性格测试工具。它目前被翻译成近 20 种语言，每年的使用者多达 200 多万人，其中不乏世界 500 强企业。按理说有了这个检测工具，我们就可以准确地了解自己了吧？事实是，人们在面对自己的内心世界时，根本不相信这个测试，他们更愿意相信那些不够真实但自己认为很真实的其他的评价。

通过分析心理学家的一些实验结果，发现了问题的根本，原来人们并不喜欢被人“确诊”内心，洞悉全部，变得没有一点儿秘密，没有一点儿隐私，像一条阳光下的咸鱼干。如果培训师不懂得这一点，那你一定会踩入学员的“雷区”。

我的培训向来以严厉“著称”，监督学员完成任务时，坚守规则，从不“放水”（帮助学员完成任务），为的就是发现团队成员的缺点和不足。我一贯认为，你制订的培训计划中，一定有学员完不成任务，只有让学员完不成任务，才有可能发现团队的问题，才有可能真正帮到他们。每当有学员完不成任务，发现其中的问题，我就会不留情面地指出来，把他们那些不正确的行为像晾咸鱼干一样晾出来。于是，这个糟糕的现象出现了，团队中大部分学员是理解和认可我的做法的，但是总有那么几个学员“明明是事实，他们也不愿意接受”。我的“忠言逆耳”结果换来的是学员的坚决“抵抗”。

去罗马的目标是不变的，但走哪条路是可以选择的。那就换个方式，运用一下巴纳姆效应。

每个人都不希望自己站到他人的对立面，因此要想办法改变。改变有两个途径：一是给目标群体树立所渴望成为某种人的样板；二是给目标群体树立所拒绝成为某种人的样板。

第一个途径，就是树立一个榜样，让你的学员看到这个榜样以后就特别想成为这样的人。我们来看一个有关马铃薯的故事。

马铃薯刚从南美洲安第斯山地区传到欧洲的时候，根本就不受当地人待见，甚至都上不了欧洲人的餐桌。尤其是那些自称有贵族血统的英格兰人，他们不但自己不吃，而且还有人宣称："像马铃薯这样低等的东西，只有爱尔兰人和猪才会吃。"后来，由于欧洲的殖民战争，农业生产遭到极大的破坏，并且随着人口增加，灾荒也越来越严重，饥饿威胁到了整个国家。国王就想让国民种植马铃薯，因为马铃薯不仅产量高，而且容易种植，可以养活更多的人。国家开始宣传种植马铃薯的好处，说马铃薯产量高，有营养，也很好吃，等等，可是当时大多数欧洲人都觉得马铃薯不算是粮食，无论怎么劝说，农民就是无动于衷，他们都不想去种植马铃薯。国王和大臣们商量了一个办法，之后以国家的名义颁布了一条法令，内容大致是：准备从国外引进一种新的农作物，并且只有贵族才能种植和享用。法令颁布后，他们安排了一些贵族在自己的私家庄园里种植马铃薯，并且派出士兵严密把守这些种植园。这样一来，很多农民觉得诧异，究竟是什么农作物这么奇特？他们纷纷打听消息。于是，国王让士兵故意放出一些口风，并让部分农民偷偷进去一探究竟。

农民窥探到这个高贵的农作物，结果"国王和贵族享用的农作物是马铃薯"的消息瞬间传遍大街小巷，在"民意"的推动下国王宣布取消了只有贵族才能种植马铃薯的法令。大量的农民都抢着去种马铃薯了。

这个故事告诉我们一个深刻的道理，当你要去说服别人做一件事的时候，除了摆事实、讲道理之外，还可以借助渴望群体的力量。那么我们培训师怎样利用这个办法呢？

做法很简单，树立榜样，在学员面前树立他渴望成为的成功人士的样板。当我们向学员讲解团队建设的时候，除了正常的流程外，加上一些团队建设成功的案例。如果你也想获得成功，那么你就要像他们那样，和你自己的团队伙伴紧密地团结合作，抱成一团儿，无论发生什么都不离不弃，坚持下去，总有云开日出、成功的那一天。

第二个途径，给目标群体树立拒绝成为某种人的样板。

这个方法就是告诉目标群体，如果你没有去追求自己想成为的那种人，就会成为这种人的对立面。这个对立面是什么呢？一定是你自己特别不愿意成为的那种人。比如，在现实生活中，我们很多人其实都很懒惰，但没有人愿意承认自己不够努力，如果你提示他，你要好好学习，你要好好工作啊，否则就考不上大学，就没有好的人生……这些道理人人都懂，但就是难以立即行动来做出改变。如果给他树立拒绝成为某种人的榜样，情况就不一样了。

我国台湾有一家综合性的出版社，公司成立 25 年的时候，他们想搞个公司的庆祝活动，同时想借这次庆祝活动搞一次大的营销活动。于是，他们请到当时国际上影响力很大的广告公司——奥美，请他们帮助制作一个宣传文案。试想一下，如果你是奥美的文案设计师，你会如何设计这次活动的营销卖点呢？如果你设计的文案是“读书，能够开阔你的眼界；读书，能够改变你的一生……”换成你是消费者，你会被这些陈词滥调打动吗？奥美的文案设计师并没有从正面宣传读书这件事，而是把着眼点放在不读书的人身上，他为这个文案设计的标题是《我——害怕阅读的人》。这篇文案一出来，就刷爆了整个社交媒体，也给这家出版公司带来了可观的经济效益。给大家摘录其中一段文字。

“不知何时开始，我——害怕阅读的人，就像我们不知冬天从哪儿开始，只会感觉夜的黑，越来越漫长。我——害怕阅读的人，我祈祷他们永远不知道我的不安，免得他们会轻易击垮我，甚至连打败我的意愿都没有。我——如此害怕阅读的人，因为他们的榜样是伟人，就算做不到，退一步也还是一个我远不及的成功者。我——害怕阅读的人，他们知道无知在小孩身上才可爱，而我已经是一个成年人。我——害怕阅读的人，因为大家都喜欢有智慧的人。我——害怕阅读的人，他们能避免我要经历的失败。我——害怕阅读的人，他们懂得生命太短，人总是聪明得太迟。我——害怕阅读的人，他们的一个小时就是我的一生。我就是那个害怕阅读的人！”

这一篇推广文案是不是很特别，它给我们树立了一个反面的“典型”，使我们拒绝成为他这样的人。以此为借鉴，在拓展训练中，我们在进行团队建设的时候，不能总是对学员讲“团结就是力量”“一加一大于二”“众人拾柴火焰高”“人心齐，泰山移”。这些把耳朵磨出老茧的大道理，学员听多了会腻烦。分享这样一个案例。

这个事件发生在非洲，有 15 名欧洲游客穿越撒哈拉沙漠，有一位来自德国名叫米歇尔的女游客在旅途中不幸死亡。当其他游客回顾整个穿越过程时，他们认为米歇尔的死亡并非偶然，由于她不能与人相处和合作，最终导致她的死亡。

事实上在这次旅行中，每个人与其他每位游客的相处都格外重要，而每个人的阅历、修养、性格等决定了他在这个群体中与人相处、合作的能力水平，并确定了自己在这个群体中的位置。

米歇尔有着倔强的个性，与任何人都抱着不合作的态度，这使她在这个群体中受到孤立。她不相信任何人，因为一些鸡毛蒜皮的小事，经常与其他游客同伴发生冲突。为了大家的安全，同伴苦苦相劝，但毫无结果。米歇尔与同伴的关系越来越疏远，她和同伴保持着很大的距离，一个人行走在沙漠中，远远地落在了队伍后面。

就这样过去几天，这天傍晚，狂风大作，漫天的风沙让人们无法站立。三几个游客结成一个小组，互相搀扶着走到一个避风处，就这样度过了难挨的夜晚。第二天一早，风停了，人们发现米歇尔不在队伍中，于是折回昨天经过的地方去寻找。等人们找到她的时候，发现她已经死了。之后，这个群体成员间的关系变得更加融洽起来，他们像一家人一样，相互照应。关于这一点其中一位游客说："米歇尔的离去让我们每个人看到，如果我们大家不能很好地相处与合作，就无法抵御面临的危险。"

在这个事件中，米歇尔的不合作行为，有性格上的原因，但更主要的是她不懂得顾全大局，自私自利。拒不接受他人善意的劝告，最终导致她个人的不幸。这是一个特别的案例，但是在我们现实的工作和生活中，类似这样的事情很多。很多人从道理上都懂得要团结、要合作，可当共同面对问题时就做不到团结与合作了。拓展训练中，可以用这些相反的例子来激发学员，让他们看到不团结、不合作而导致的不幸结局，从而拒绝成为这一类的人或团队。

如果你能将巴纳姆效应灵活地应用到你的培训中，那你会有意想不到的收获。无论是树立好的榜样激励学员效仿，还是剖析不好的"典型"让学员引以为戒，殊途同归，其目的是帮助企业和组织，获得认同。拓展培训师成为受学员欢迎的人，那你会为拓展训练公司甚至为拓展行业带来口碑效应。

第二十节
同体效应——为什么淘宝的称呼都是“亲”

喜欢网购的朋友都知道，你在和商家发生交易时，他们对你的称呼永远都是“亲”。为什么呢？很简单，这是商家为了促成和你的交易而采用的一种“套近乎”的手段。咱俩都是“亲”的了，你还能不买我的东西吗？当然，最终是否成交还有很多因素要考虑，但是至少被卖家称呼为“亲”心里舒服些，比在商超里被人叫“先生、女士”要亲切得多。

淘宝商家这个计谋在心理学上被称为同体效应，也叫“自己人效应”，意思是在人际交往中，人们往往更喜欢那些和自己属于同一类型的人，把这些人当成知心朋友，而对于“自己人”所说的话，也会更信赖，更容易接受。因为我们觉得，只有“自己人”才能了解我们的心情，理解我们的处境，知道我们的立场，而对于“自己人”我们通常也会抱有更多的宽容，给予更多的优待。如果是为“自己人”办事，卖力是理所应当的，因而不计报酬、不遗余力。

对于同样一句话，“自己人”说的，我们就倾向于去听，而出自他人之口，我们就往往带着防御心理去对待。比如，家里亲人对你说“多穿点儿衣服啊！”你感觉亲切和温暖，可走在大街上遇到陌生人对你说这句话，你会觉得奇怪：“我又不认识你，对我说这话，是什么居心？有什么企图？”防御之心，油然而生。

成为他人的“自己人”是有很大益处的。精明的商人说得最多的一句话就是“先做朋友，再做生意！”很多成功的商人还要去知名学府读 MBA、EMBA，大概有两大好处：一来提高自己的学识、能力，二来同学间相互切磋“技艺”，更主要的是，聚在一起的同学已然是各行业的精英，有了同学这个强力的、坚固的关系网络，日后生意场上就多了一条路。因此很多有生意头脑的人都想方设法地建立自己的人际关系网络（见图 2-18），加入各种形式的组织，如“同乡会”“同学会”“商会”“战友会”“××球会”等，这张关系网覆盖面越大，生意就越好做，因为都是“自己人”。

图 2-18　人际关系网络

同体效应揭示的是人际关系的普遍规律，作为培训师，我们可以充分利用这一规律。拓展培训师的工作是向学员传递观念、知识和技能，你即便做得再好，也会有一部分学员对你的讲解、传授“不感冒”。尽力把“不感冒”的学员降到最少，你可以巧用同体效应，试着将学员变成“自己人”。

那么什么是“自己人”呢？简而言之，就是与我们有共同之处的人。这种共同之处可以是血缘、地域上的，如在国外的留学生会不自觉地抱成团，就是因为相对于外国人，我们同是炎黄子孙，我们会更信赖自己的同胞，这个共同点是彼此信任的基础。共同之处也可以是志趣、爱好、利益上的。只要找到了某一方面的共同点，你和他的关系就近了一层。共同点越多，信任度就越高。

社会心理学家纽卡姆通过实验说明，彼此态度和价值观越是相似的人，相互之间的吸引力就越大。那么如何找到共同点，专家给我们提出一些建议。

（1）察言观色，寻找共同点。

（2）以话试探，探察共同点。

（3）听人介绍，猜测共同点。

（4）步步深入，挖掘共同点。

生活中类似的场景很多，比如，你乘坐高铁出差，对面坐着一位和你年龄相仿的人，为了打发时间，你和他闲聊起来。没有想到，你们越聊共同点越多，后来发现：你们都当过兵，而且是同一年从北京入伍，被同一列绿皮火车拉到西北，又在同一个高炮团服役，在同一位首长手下任过职……更巧的是，他现在就在你原先任职的单位。这是“自己人”啊！有一种相见恨晚的感觉。接下来，你们就可能约着下一次在哪里见面了。

一个培训师要想让学员接受你的观点、知识和技能，就一定要找到一些与参训学员的共同点。有了这些共同点，就等于打开了这些学员的心窗。其方法和步骤很简单：第一步是收集信息。要把受训企业和学员的基本情况摸查清楚，如这个企业 / 组织属于什么性质？主要产品有哪些？目前的生产经营形势怎样？培训需求是什么？学员的基本情况（年龄、性别、工作岗位、学历、专业、层级等）如何？这些信息是寻找共同点的基础。可以通过与培训组织者交流的方式来了解这些信息，也可以设计一个“培训需求调查表”，这很容易做到。第二步是确认共同点。

在很短的时间里通过单向沟通找到这个共同点，并让绝大多数学员相信“共同的”这一点，是有难度的，所以需要提前设计好。共同点的寻找范围很大，但是符合“时间短、单向沟通及多数无疑问”这三个条件的共同点就不多了。分享一下我解决此问题的经验。在培训开始，为了迅速拉近和学员的距离，我往往直接将自己变成学员的“自己人”。

> 大家好！欢迎各位领导来参加今天的领导力课程，其实我和大家是一样的，因为我也在中层的岗位上干过很多年，所以深深知道做中层管理者的不易：上级给我们压担子，下级不服管，家庭负担沉重，每天加班加点，身体健康状态堪忧……我们是压力山大……

我们可以和学员不在同一个企业、同一个行业，但是我们有共同的经历——都做过中层管理者，我们有同样的体会——担子重，压力大，学员就会有一种被理解、和自己是同一种人的感觉。

如果你的学员群体都是在销售岗位的，而你又从来没有做过销售，怎么办？我的办法是“牵强不骗人”，你仍可以找到你们的共同点。

> 大家好！热烈欢迎 ×× 公司的朋友们来参加以“团队建设”为主题的拓展训练，我和大家是一样的，也干过多年的销售，咱们做销售的都知道完成销售任务主要是靠自己的努力，但是也需要他人的帮助和团队的支持……

这段话是我在最近的一次培训热身时说的，大家发现我和他们的共同点了吗？对，我和学员的共同点就是“都干过销售”。事实上，我一天都没有卖过产品，从未做过推销员，但我并没有欺骗学员，我虽然没有销售过某种产品，但我“销售过”自己，因为写简历、找工作、去应聘，就是自我销售的过程。

同体效应不仅用在培训开场时，而要贯穿在整个培训的过程中，要不断累积和强化。培训不是教育，培训师千万不要做高高在上的施教者，而是要成为团队的参谋和军师，与学员同甘苦、共命运，把自己看成学员团队的一员。

有一次，是一个简短的培训，只有半天，主训师也不是我，我只带领其中一个小团队。学员要挑战的项目只有两个，都是竞赛项目。我没有觉得付出很多，总结时也没有讲什么，但是没有想到的是，培训结束后，主训师带领学员去乘车了，我们几个带队培训师开始收拾教具，这时看到一群学员朝我们跑过来，不知道他们要干什么。他们跑到我面前站住，队长指挥大家站成横排，队长说："李老师，我们来感谢您啊！"这群年轻人深深地向我鞠躬，一边齐声说"谢谢老师！"说完转身向大巴车跑去。站在身边的一位年轻的培训师看到此情景，好奇地对我说："李老师，我们也干活儿了，怎么只感谢你一个人啊？"是啊？为什么呢？回想了一下这半天的培训过程，我们唯一的不同就是，在任务布置下去之后，几位年轻的培训师让自己的队员在场地上练习，然后跑到旁边的小树林抽烟聊天去了，而我在整个练习的时间里始终陪着我的团队，随时指导他们练习，示范方法、技巧，帮助他们分工和优化流程，最后我带领的这个团队拿到了第一名。我想，他们来感谢我不仅仅是因为拿到了团队第一，更重要的是因为我的"陪伴"，我们是同一个战壕的"战友"。

此外，还要注意与"各色学员"进行沟通。"各色学员"也叫"问题学员"，是指那些在培训过程中经常会制造问题和麻烦的学员，以及那些有可能给你打低分的学员。这些学员经过统计大概有十来种（每个类型在我的课程《培训成人的方法和技巧》中有详细介绍），与他们沟通是非常重要的一件事。因为在与他们的交流中你可以发现制造"同体"的机会，让你成为他们心目中的"自己人"，这样培训效果会大不一样。

培训师应该思考一下，如果你不能走进学员队伍里，成为他们共同完成任务的伙伴，那你就会站到学员的对立面；那些没有成为“自己人”的学员，他们也会因为自己的想法和你不一致而对你并不认同。如果让你的学员认为你不是“自己人”，他将很难听从你的建议，甚至连你说了什么他都懒得去听，有的只是防备心理。

一位培训师要努力做到：将学员变成“自己人”，让自己成为学员的“自己人”。

第二十一节
旁观者效应——培养员工奉献精神

企业管理中有一个永远的悖论，就是管理者总是希望员工能为企业更多地奉献，员工却总是能少干一点儿就少干一点儿。

我们那个时代的人，从小受师长教导，要为国家做贡献，要做无名英雄——多做好事不留名。入伍前，就有很多人告诉我，在部队只要拼命干活就可以早点儿入党提干。当我到了大西北黄土高坡上小小的军营之后，真的是豁出去了，特别想早日做出点成绩来，不辜负师长的期望。我除了每天做好本职工作之外，其他空闲时间，包括所有节假日，就自己找各种活儿来做，什么帮厨做饭，清扫猪圈、喂猪，菜地浇水、施肥、灭虫，写文章出板报……默默地做着这一切。

回到地方以后，开始做培训工作，当年的热情依在，但面对变化的时代，面对市场经济下的一代年轻人，意识到必须以专业知识武装自己，来思考今天的工作生活所面对的一切问题。

西方经济学者最早提出“经济人”假设，他们认为，从经济学的角度看，人首先是“经济人”，“经济人”的最大特征就是自利，因此，人们从来不会主动去做那些对自己不产生利益，没有什么好处的事情。不去争论这个理论的对与错，但有一点是毋庸置疑的，绝不可以让人白白付出劳动而没有任何回报。这是人类经济生活的规律。

那我们如何看待今天众多的企业和组织激励员工要有奉献精神呢？在企业和组织中有一个“责任空白”是“经济人”理论无法填补的。

心理学上有一个“旁观者效应”，可以给我们一点儿启示。

20世纪美国发生一起公园谋杀案。一位年轻的酒吧女经理凌晨3点下班回家，途经××公园时被一个素不相识的歹徒劫持并杀害，整个作案时间长达半个小时。在事后的调查中发现，附近住户中有38人看到女经理被伤害的情况，或听到她不间断的呼救声，但奇怪的是，没有一个人出来救助她，甚至都没有一个人及时打电话报警。事后媒体谴责这个城市人的冷漠。有两位年轻的心理学家并不认同这一说法，对于这些人的无动于衷，他们认为还有更好的解释。为了证明自己的假设，他们专门做了一项实验。

他们找到70多名不知真相的志愿者和一个假扮的癫痫病人参加实验，让他们以一对一和四对一两种方式保持远距离联系，相互间只使用对讲机通话。事后的统计数据显示很有意思：在交谈过程中，当假病人大呼“救命”的时候，在一对一通话的那一组，有85%的人冲出工作间去报告有人发病，而在四个人同时听到呼救声的那一组，只有31%的人采取了行动！

通过实验，两位年轻的心理学家对此次公园谋杀案做出令人信服的社会心理学解释。他们认为，在紧急情况出现时，每个在场的目击者都认为自己有救助的责任，同时认为其他在场的人同样有救助的责任，既然大家都有这个责任，那么就都应该去行动，于是大家就都在等待和观察其他旁观者的反应。

两位心理学家把这种现象称作“旁观者介入紧急事态时的社会抑制”，简称“旁观者效应”。承担责任多少是要付出代价的，如果其他人行动了，那我就用不着付出了，正是这种心理导致大家的止步不前，成为“看客”，而不是简单的所谓世态炎凉、人心不古的社会风气，或“看客冷漠”等集体性格缺陷的问题。众多旁观者分散了每个人应该负有的责任，因此，职责不清是旁观者效应产生的最主要的原因。

类似的还有“儿童落水事件”。

几个孩子在江边戏水，其中一个不小心游到急流处，孩子们的惊叫声引起岸边很多人的注意。看到孩子要被急流冲走，旁观者甲本能地想冲下水救人，可他一看周围还有很多人在注视着那个孩子，心想：“他们之间应该会有人去救那个孩子的。”于是他停下脚步。观望和犹豫之间，孩子被水吞没，在急流中越来越远了。眼看着孩子被湍流卷走了，甲不禁心里有些愧疚，可他想：“我是有责任，可这也不能全怪我呀，他们那些人也没有去救啊？他们比我离得近，身体也比我健壮，水性也好，他们更应该去救，他们都有责任啊？”这样想过后，心里的愧疚减轻了。

这就是旁观者效应，其结局令人唏嘘不已。企业和组织中也会发生这种旁观者效应。

在企业和组织内部，职位设计会清晰地描绘出每个人的责、权、利，每个人都清晰地知道自己的责任和义务：在什么情况下，发生了什么事，自己应该采取什么样的行动？什么样的事情发生了，自己应该立刻行动；什么样的情况是其他人应该采取行动，而自己不能插手？这个制度在处理日常工作中可预见的问题时是有效的，但是任何规章制度的设计都不可能穷尽所有的可能性。比如，组织结构中部分与部分之间的结合部其管理措施往往是模糊不清的，其责任也是如此。再有，某些不可预见的突发事件和危机，其责任更是难以清晰界定了，这些区域会出现责任的空白，但恰恰是这样的意外突发事件对组织的杀伤力最大。

一个无法预见的小小事件，引发一个业务链条的断裂，为了填补这个断裂带，导致整个资金链断裂，最终一个如日中天的企业集团瞬间崩塌，这种案例并不鲜见。那么企业面对这种危机时就束手无策了吗？我们是否还有最后一道“防火墙”来抵御意外、突发事件的致命打击呢？这最后的一道“防火墙”就是企业员工的奉献精神、主动担责的行为。

企业规定了每个员工具体的岗位职责，但这是远远不够的，当意外、突发事件威胁到企业时，为了让员工不做无动于衷的旁观者，能够挺身而出，挽回企业的损失，就有必要为他们规定另一种“公共职责”，以填补“责任空白”。也就是说，企业无法估计意外、突发事件的损害程度，便无法做出有效的预防措施，其“物质上的储备”是有限的，那么这时企业可以做足“精神上的储备”。

当雪崩发生时，没有一片雪花觉得自己有责任。所以，当悲剧发生时，如果人人都选择沉默或者是独善其身，那么总有一天，你不但会成为其中一片雪花，而且还会被雪崩彻底埋葬，那时候，你还会说自己无责和不需要保护吗？

你可以告诉你的员工，当一个危害企业的事件出现后，目击者和闻讯者如果不能在第一时间采取措施的话，就可能出现更严重的后果。轻则造成企业部分财产损失，进而导致成本提高、效益下降，员工的工资福利自然就会减少；重则企业停工停产，甚至倒闭，造成你失业，生活堪忧……

那么，员工的选择只有两个：第一，这件事不属于我的本职工作，转身走开，这样做没有直接损失，但可能会有间接损失。第二，奋不顾身，保住企业的利益。企业的安全就是我自身的安全，企业的利益就是我最大的收益。员工会怎样选择呢？

员工与企业是命运共同体，一荣俱荣、一损俱损，保住了企业就等于保住了自己的未来。这就需要企业为员工打造“公共职责”，以强烈的责任感驱动员工的奉献精神，如此才能打破旁观者效应，避免给企业造成损失。

拓展训练亦如此，在一些挑战任务中也很容易出现旁观者效应，尤其是那些需要少数团队成员付出较大体能，甚至承担某个危险动作才能完成的任务。以拓展训练经典挑战任务“求生”（也叫“毕业墙”）（见图 2-19）为例，当团队其他队员都已经爬到墙上去了，下面只有一名队员的时候，就必须要有人从 4 米高的墙顶上倒挂下来，把下面最后一个队员拉上去。做出这样的动作必须付出全力，也多少有些危险，团队成员中有不少男队员的身体条件可以承担这个任务，可承担这个任务的队员不是由培训师和队长指定、委派的，而是要他自己主动、自愿地站出来。哪一个会自告奋勇呢？

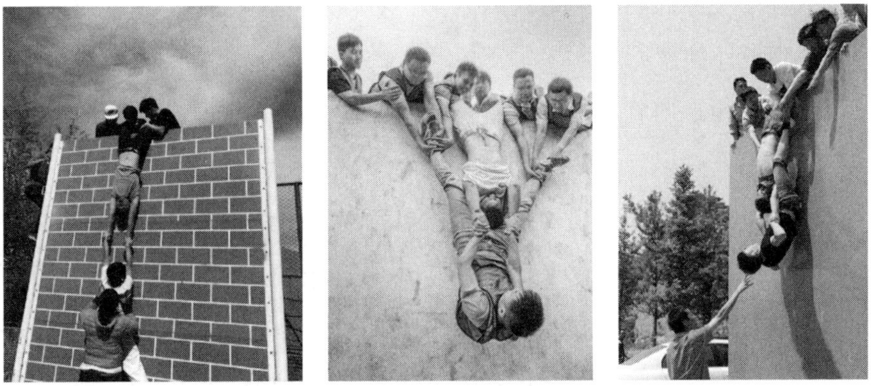

图 2-19　拓展训练经典项目"求生"

在我 20 多年的拓展训练生涯中，记不清有多少次带领学员完成这个任务了，每一次都会面对这种情况，在关键时刻，大家就都成了旁观者。每个人都在权衡着各种利弊，犹豫着是上前还是退后，大家一个个大眼儿瞪小眼儿，你看看我，我看看你，谁也不说话，没有一个人挺身站出来。以我多年的经验，这个时刻你需认真观察学员的行为。观察什么呢？观察其行为表现，掌握每个团队的成员从开始的旁观者到他们之中出现主动担责者所用的时间。这个时间能说明什么呢？这里面大有学问，用时的长短折射出来的是他们各自所在企业的文化建设水平，这项工作做得扎实、细致，员工的奉献意识就强，从旁观者转变为担责者的速度就快，反之就弱、就慢。我做过一项统计：40% 的团队在 3 ~ 5 分钟就可以产生主动担责者，55% 的团队需要在培训师的助力推动下才能产生担责者（培训师挑选身体条件适合的学员，鼓励他做出决定）；5% 的团队无法产生担责者。最后一种情况原因很多，比如，女士占团队成员的大多数，或者是这个团队平均年龄偏大。当然，也碰到过团队成员都是身强力壮的年轻小伙子，但就是没有人愿意出头担当这个责任者。这 5% 的团队是你要花费心思，需要你用智慧化解的团队。

清楚了旁观者效应的内在心理原因及它的不良后果，对培训师有重要的作用，它可以帮助培训师带领学员顺利完成“求生”任务或其他具有挑战性的任务，同时通过总结分享，对客户的企业文化建设工作给出一点儿建设性的意见。

奉献精神是培养出来的，它来自两个方面：一方面是企业员工的自我培养，也就是说，假如这是一个值得我尊敬和热爱的企业，那么我会把这份热爱转化成奉献精神，因为未来我可以和企业一同成长，享受企业发展壮大之后的丰硕成果。另一方面，作为企业的管理者你有责任将你的企业打造成一个发展前景广阔的企业，在企业内部大力提倡奉献精神，营造奉献精神的企业文化氛围，并对员工任何一种奉献行为给予及时的表扬和激励，特别要懂得物质激励。华为之所以获得今天的成功，与它的高薪战略密切相关。华为一位老员工谈高薪时称：“感觉自己被幸福包围了。”在市场经济的今天，管理者要记住：高的物质奖励也是员工高价值的体现。

第二十二节
马太效应——积极心态的反面例证

拓展训练功能之一是帮助学员建立积极的心态，并鼓励大家积极地行动起来，去探索、去创造。

培训师在讲这个话题时，通常会从正面来讲，告诉大家，如果一个人拥有了积极的心态，会给他带来很多好处。这种讲法有点儿老生常谈了，很难在学员心中产生震撼的效果，如果我们用社会心理学中的马太效应从反面来例证一下，效果会好得多。

什么是马太效应呢？

1968年，美国科学史研究者罗伯特·莫顿发现了学术界一种普遍现象，他指出："相对于那些不知名的研究者，声名显赫的科学家通常会得到更多的声望，即使他们的成就是相似的。在同样的一个项目上，声誉通常给予那些已经出名的研究者。"不仅在学术领域，在其他很多领域都有类似的情况。这个发现让他想起《圣经》中的一则寓言。

从前，一个国王要出门远行，临行前他交给三个仆人每人一锭银子，并吩咐他们："你们拿着这些钱去做生意，等我回来时，再来见我。"国王回来了，三个仆人来见他。第一个仆人说："主人，你给我的一锭银子，我已赚了10锭。"于是，国王奖励他10座城邑。第二个仆人报告："主人，你给我的一锭银子，我已赚了5锭。"于是，国王奖励他5座城邑。第三个仆人报告："主人，你给我的一锭银子，我一直包在手帕里，怕丢失，一直没有拿出来。”于是，国王命令将第三个仆人的一锭银子赏给第一个仆人，并说：“凡是少的，就连他所有的，也要夺过来；凡是多的，还要给他，叫他拥有更多。”

于是，罗伯特·莫顿用这个故事给这种社会现象起了个名字，叫“马太效应”。

他认为，任何个体、群体或地区，在某一个方面，如金钱、名誉、地位等方面获得成功和进步，就会产生一种积累优势，就会有更多的机会取得更大的成功和进步。

这种现象在社会生活中非常多。

在经济上，马太效应体现在人们收入不均、两极分化上。人们发现，富人越来越富有，穷人则越来越贫穷。国际上有一个用来综合考察居民内部收入分配差异状况的重要分析指标，叫作“基尼系数”，按照国际通行标准，基尼系数为 0.2 ~ 0.3 属于收入分配比较平均，0.3 ~ 0.4 为合理差距，0.4 ~ 0.5 为差距过大，0.5 以上为差距悬殊。近些年，一些国家的基尼系数连续上升，已在 0.4 的国际警戒线上徘徊。

在股市中，赚得最多的总是庄家，赔钱的总是散户，庄家的资本大，散户的钱少。同一只股票，你赚一元钱，庄家有可能十倍、百倍地赚。

在企业经营上，产品品牌的表现就是典型的马太效应。某个行业或产业的产品或服务，品牌知名度越大，品牌的价值越高，忠实的消费者就越多，其占有的市场份额就越大；反之，某个行业或产业的产品或服务，品牌知名度越小，品牌的价值越低，忠实的消费者就越少，其占有的市场份额就越小，如此将导致其利润减少，最终被市场淘汰，其让位的市场将会被品牌知名度高的产品或服务代替。

在教育上，学习成绩好的学生，他所获得的成长资源就多。考入更优质的学校，得到更好的师资，由此变得更好。那些资质平平的学生与其相比，就会弱一些。

职场上同样如此，我们经常听到这样的抱怨："都是一个公司的员工，×××怎么运气那么好？坐办公室，离领导近，工资高，经常陪领导出差，还年年评先进，听说又要升部门经理了，好像什么好事都找他。再看看我们呢，苦活儿累活儿都得干，还三天两头挨领导骂，每天忙得要死，工资还那么低，什么时候才是个头啊？"如果你在企业的基层工作过，这种情况一定不陌生。

这些就是每天发生在我们生活中，在我们身边无处不在的马太效应。当我们了解了这个事实，培训师就可以利用马太效应，作为培训学员的"工具"。你可以语重心长地忠告他们："大家趁着年轻，一定要积极行动起来，下功夫早点干出成绩，否则就将永远摆脱不了越来越弱、渐渐被边缘化的处境。"

我们可以这样对学员论证这个道理。

相信大家都不是"富二代""拆二代"，我们都是劳动家庭出身，家里并不富有，如果不去努力改变目前的处境，可能会越来越差。为什么这样说呢？马太效应已经证明了这个结局。

社会心理学的研究告诉我们，当一个员工在企业里做出了成绩或者一次贡献时，各种好处会接踵而来，他的生存状况会越来越好。大多数员工由于起点本来不高，又没有什么突出贡献，还容易满足现状，缺乏改变命运的愿望，生活状态就会越来越糟糕。我们可以想象一下我们未来的情景，如果你的工资收入跑不过 CPI（消费者物价指数）的涨幅，那么你的生活压力将会越来越大。你单身的时候还好，可是当你有了家庭，有了孩子，情况就变了，孩子逐渐长大，各种花销越来越多。当你进入中年，老人身体状况变得越来越差，上医院的次数越来越多，直接拖累了你，还有孩子的教育费用；家庭的消费增加，收入不变，直接导致恩格尔系数直线上升，这时留给你的是一声叹息。这并非危言耸听，我们来听听专家是怎样说的。

法国经济学家托马斯·皮凯蒂对马太效应研究了 50 年。他发现，在过去的50年里，最贫穷的50%的美国人收入增加不到1%，最富有的1%的美国人收入却增长了300%。我国招商银行发布了一份《2019中国私人财富报告》，看了之后让人结舌：中国高净值人群的年均复合增长率是12%（投资资产1000万元人民币以上），而有钱人之中的有钱人（投资资产超过5000万元人民币），其年均复合增长率高达17%。也就是说，月薪1万元的人，辛辛苦苦地工作，一年到头来薪水的涨幅可能不会超过4000元，而那些千万富翁到年底的时候看自己的银行卡，突然发现又多了100多万元。他们的财富像坐上了火箭般，以令人惊心的速度在上涨，而普通人即使24小时不眠不休地工作，也赶不上他们财富增长的速度。

认识一位公司的老总，一次交谈中他说，他们公司有月薪几千元或者一万元的员工，也有月薪十万元的员工。如果涨工资他会优先给月薪十万元的员工涨，而月薪几千元或者一万元的员工，就算给他涨工资，也不会有多大的涨幅。很多人可能难以接受，觉得这样不公平，工资高的还要给他多涨，工资少的反而少涨，为什么不能一视同仁呢？其实原因非常简单，这就是市场法则，高工资的人具有不可替代性。他说：“缺少这样一个人，我去外面招聘不到，或者要花很高的价钱才能从别的公司挖到，担心他会辞职，所以涨工资的时候肯定要优先照顾他；而那些普通岗位的员工，少涨和不涨都没有关系，你想辞职随时可以走，你走了不要紧，我在人才市场上立刻就可以招聘到一堆和你一样的人，而且他们更有干劲。”这就是残酷的职场现实。

如果我们普通百姓家的孩子不想过这样的人生，那就立刻行动吧。我们还有机会，因为我们的教育政策是公平的，对每个孩子会同等看待，对两极分化的社会现象也会做出调试，因此只要努力，完全有可能改变自己的命运。看过这样一则报道，海底捞有一位女经理，十年前她进入海底捞第一家四川店的时候，只是一个没有学历、极普通的农村女孩子，做店里的服务员只有160元的工资，但由于她的努力和勤奋，今天已经跻身企业高级管理人员的行列，并且成了餐饮行业多家公司愿意通过猎头以百万年薪去挖的目标候选人。

这不是个例，我们身边有太多通过自己努力而改变命运的案例。福布斯全球亿万富豪榜中，没有几个人是靠短期利益致富的，497 名超级富豪中，237 名都是白手起家。

见过这样一段描写一名成功企业家的话。

> 按照“牛总”现在的身家，一个普通人就是每天都中一次 500 万元的彩票，也要连续中 70 年才能赶上他。然而可悲的是，即使你 70 年之后赶上了今天的“牛总”，可是按照“牛总”财富增长的速度，70 年后已经远远不是今天这个财富了。

这位“牛总”是出生在富豪家庭吗？不是。他的父亲是普通职员，母亲是家庭妇女，有今天的成就，完全是他自己努力创造、打拼的结果。同样，华为的任正非，父母是乡村中学教师；格力的董明珠，出生在普通人家。没有显赫的出身，都是白手起家，玩命地去打拼才有了他们今天的成就。

我本人也是这样，最初从部队转业到政府机构，做个小职员，每天平平淡淡、朝九晚五，工作枯燥，没有挑战，工资微薄，但我从未忘记刻苦学习，提高自身价值，利用每一刻的空闲时间攻读英文和业务知识，以最快的速度通过了北京市英语中级统考。当机会来临的时候，事实上我已经做好了准备，才得以参与单位的外事项目，才有机会成为中国第一批见识到西方发达国家的现代培训教育的学员，并从此走上培训道路。在中国体验培训的领域里驰骋 20 多年，时至今日每天都开心地做着自己喜欢的事，并得到行业的认可。我做到了我想做的，你当然也可以。

当然，我们并不是说，只要你努力，就一定可以成为他们那样的成功人士，而是说，只要你努力，就一定会改变，至于改变多少，和你付出多少有关。你努力去做了，不一定成功；但如果你不去做，就一定不会成功，也不可能有改变。固然，人和人有很大的不同，出身不一样，成长环境不一样，所处时代不一样，由此每个人的努力方法、成功途径也不一样，但是“让自己变得与众不同，成为企业或组织中不可替代的员工”的目标永远是一样的。

马太效应只是客观地描述了一个“强者愈强、弱者愈弱”的社会现象，如果感觉有点儿残酷，那么我们为什么不问问自己：既然弱者的未来会越来越糟，干吗不去做强者呢？然后，再问问自己：你努力过了吗？你大胆尝试过了吗？

梭罗在《瓦尔登湖》一书中说：“最害怕死亡的人，是那些知道自己从未真正活过的人。”如果一个人知道自己为什么而活，他就可以忍受生活加诸他的一切困难。

第二十三节 奖惩效应——成人学习也要惩罚吗

不知从什么时候开始，俯卧撑成了拓展训练的标配，学员集合迟到要做俯卧撑，团队任务没有完成要做俯卧撑，得分低了要做俯卧撑，吃饭时有人说话要做俯卧撑，做游戏的动作不规范要做俯卧撑……更让人不可思议的是，竟然还出现了以做俯卧撑体罚学员为主要内容的团队项目，并且动辄要让人做一两百个以上。

拓展训练最初是以培训成人为目的，既然是培训，为什么要用这种方式惩罚学员呢？这种惩罚学员的行为是合理、可行的吗？

带着这个问题我请教了一些教育专家，也查阅了大量的相关资料，有了对这个问题的客观认识。这个行为在教育心理学的研究中叫作“奖惩效应”，其心理学的意义在于，奖励与惩罚均为教育学生的手段，合理的奖励与惩罚有助于形成学生的坚强性格，能培养学生的责任感，能锻炼学生的意志，使其体会做人的尊严。因此有助于学生的心理成长，使其理解并建立明确的行为与后果之间的联系，其模式可以概括为：好的行为→他人满意→得到奖励→再发生好的行为；不良的行为→他人不满意→受到惩罚→不良行为减少。

从这个模式看，合理的奖励与惩罚可以有效地帮助学生养成良好的行为习惯，以适应未来的社会生活。换言之，为了培养学生正确的行为习惯，合理的奖励与惩罚都是必要的；但需要特别注意的是，惩罚不等于体罚，我国相关的法律不仅明确了禁止体罚，而且对教师体罚学生应承担的法律责任都做了明确规定。因此，体罚虽然是惩罚的一种，但是体罚是违法的，也是被禁止的。

对于成年人来说，他们的人生观早已在他们的学生时代就完成了塑造过程，他们今天主动或被动地接受成人教育（拓展训练）只是为了发现和修补他们自身“木桶漏水”的问题。我坚定地认为，在培训中体罚学员是最愚蠢的行为，因为拓展训练是一种不需要也不能有惩罚的教育手段，俯卧撑可以做，但绝对不是为了惩罚。

惩罚式俯卧撑是怎样进入拓展训练中的呢？它来自上海的一个培训机构，这个机构设置了一个叫“××风采”的培训项目，它的操作方式是这样的：首先把参训学员分成若干个小团队，让团队成员毛遂自荐成为团队的队长，培训师把这些队长叫到所有队员前面，通过各种方式的引导和暗示，让这些队长甘愿接受惩罚和体罚，他们管这叫“承担责任”。有了队长们的承诺，他们开始布置任务，任务非常简单，团队成员围成圆圈，当听到“开始”的口令后，每个人喊一个数字，从1喊到30，规则是声音清晰，连续不断，不能重复，不能漏掉。助教用秒表计时，看看哪个队是最慢的，最慢的队给予惩罚，让队长当众做20个标准动作的俯卧撑。接着是第二轮、第三轮、第四轮……直到最后一轮，每一轮所做俯卧撑的数量呈几何级数上涨，即40个、80个、160个、320个……直到学员累趴下为止。

为什么这个项目会渗透到拓展训练中？

起因是一些企业发展受阻，业绩下滑，企业领导查找原因，将其归结为是员工的问题，是员工没有责任感，没有执行力，缺乏主动积极的工作行为。领导希望看到员工的责任和担当，看到员工超强的执行力，就将锻造员工的希望寄托在培训机构身上。这些不规范的培训机构为满足企业的需求，实质是迎合企业的需要，便自创出这一培训项目。刺耳的音乐、疯狂的吼叫，队员涨红着脸，汗流浃背，但仍然在坚持不放弃，因为他要让领导看到他的表现。制造出令人震撼、令人感动的场面，实则大大伤害了学员，也伤害了拓展行业。

摘录2016年《半岛晨报》上发表的一篇题为《男子参加拓展训练做数百个俯卧撑尿血进ICU》的文章，给拓展培训师们以借鉴。

2016年7月2日和3日，大连市民杨先生参加了一次名为“责任人生”的拓展训练活动，杨先生等100多名学员被分成几个组，搞起了竞赛游戏。杨先生被选为他所在组的组长。杨先生的妻子张女士说，团队之间比赛，输了的一方要做俯卧撑作为惩罚。“打比方，输一次做80个，再输一次就要做160个……”张女士说，当天下午丈夫先后一共做了二三百个俯卧撑。当晚活动结束时，已经是晚上8点钟了。杨先生回到位于开发区的家中，已是深夜了。杨先生告诉妻子，自己的尿液颜色不太对劲，呈现褐红色。待到第二天清晨起床，杨先生的尿液变成了红墨水的颜色。他连忙喊来妻子，张女士吓了一跳。“这是不是尿血了？”张女士于7月5日带着丈夫到医院进行检查。化验结果显示，杨先生血液中肌红蛋白一项的检测值为2.7万多，而正常值则应小于110。也就是说，肌红蛋白检测值比正常值超标200多倍。经医生诊断，杨先生患上了横纹肌溶解症。当天，杨先生就被安排住进了急诊ICU病房。经过治疗，杨先生血液中的肌红蛋白值在不断降低，但在后续的检查中，发现肝肾功能部分指标出现了异常。医生说，这可能是急性症状带来的伤害，肝肾功能是否能完全恢复，还要看后续治疗的情况。张女士说，丈夫患上横纹肌溶解症，这与他训练时被惩罚做了几百个俯卧撑是分不开的。

另有一则来自网络上的消息。

16号拓展训练，俯卧撑做多了。以前几乎没有做过，但是由于教官的“奖励”做了差不多200个。不是一下做完，就是10个、20个、40个、80个、160个来做，中间隔5分钟再做下一轮，160 个没有做完。回来后，这两天胳膊、胸肌还在疼，有肿的迹象！洗脸也用不上力，特别疼，我怎么样能恢复得快些呢？

这些案例是已经被媒体曝光的，我相信还有大量的此类案例是我们不知道的，这些因体罚导致的大大小小的伤害事件会因为“媒体放大效应”而迅速地在社会上传播，使听闻者对拓展训练心生反感，谈“拓展”色变。其实，这只是个别训练机构的做法，但它破坏了拓展训练的声誉，它影响的是拓展训练整个行业。这些事件的发生原因无非是个别机构或个别人贪图私利，这也为专业的拓展机构和我们的拓展培训师敲响了警钟。为正本清源，奉劝那些崇尚“魔鬼”训练的“教官”们，要尊重科学，要对学员负责，以专业的精神对待每一次训练。你对学员不负责任，那你还有什么资格“教育”学员要有责任和担当？同时，也奉劝那些需要拓展训练的甲方，要认真考证，与拓展机构多方沟通，充分了解拓展训练的项目要求，根据自己的需要做出合理的选择。

惩罚不等于体罚，在我们的教育中，奖励和惩罚都是需要的。专家建议：为了鼓励先进者，鞭策落后者，奖励与惩罚都是必要的，但要掌握好奖励与惩罚的尺度，被惩罚者所占比例最高为 20%，受奖励者所占比例可以更高一些。记住，体罚是违法的，特别是拓展培训师，你面对的是成人，你所做的工作是成人体验培训，俯卧撑可以做，但不是为了惩罚。

我在早期做拓展训练的时候，也用过做俯卧撑的方式，为的是顺利完成培训任务，强调的是纪律。试想一下，训练即将开始，如果很多学员不能准时到达集合地点，那么这个“练”还怎么训？因此，在热身的环节会对学员提出 5 个训练要求，其中最重要的一条就是纪律要求。要求只是口头上的，学员答应得很好，“绝对不迟到”，但每次集合的时候总是有个别人迟到。学员迟到对培训师来说是件很麻烦的事：等着他们来吧，训练就无法按时进行；不等吧，在缺人的情况下有些挑战任务就不能完成。怎么办呢？有人开始尝试着用做俯卧撑的方式来解决问题，经过改造和调整，关于纪律就有了规范的要求。每当正式训练前我会给学员特别强调这一条规定："因为课程安排非常紧凑，需要大家在集合的时候，做到团队一个不缺准时到达指定的集合地点，但是在以往的培训过程中，团队中总会有那么一两个队员迟到，一旦有人迟到，就会影响我们课程的顺利进行，大家说怎么办？"学员中永远不缺乏有幽默感的："拉出去打！""不给饭吃！""罚他回去睡觉！"等大家喊够了，我提出要求："我们还是用适合培训的办法吧，万一哪个团队有队员迟到了，那我们就'奖励'他以及与迟到相关的人做俯卧撑（女士做深蹲起），给他们一个在大家面前展示强健体魄、强大体能的机会。迟到一分钟做 5 个，以此类推。刚才说到'相关的人'，就是说，一人迟到，全队受'奖'，全队成员按照一分钟 5 个来做，迟到的人和队长加倍，这样的'奖励'大家没意见吧。"无论大家是何种反应，培训师都要自圆其说："当然，我们只是想活跃一下气氛，为后面的训练热热身。不过，我相信咱们都是经过职业化训练的员工，不会有人迟到。"这样一种要求，效果极佳，学员迟到率从之前的 20% 下降到 0.5%，完美地解决了学员迟到的问题。每个人不是担心自己，而是担心连累队友，就像前面的案例，每个人都害怕被全体抛弃。"在原始人种中，当个体被自己的族群所抛弃的时候，他离死亡就不远了"，现代人也如此。

规则是呆板的，但执行需要有灵活性。培训师要掌握合理的尺度，毕竟"体罚"不是一种能够帮助学员成长的恰当的方式。

第二十四节 答布效应——培训师的行为要符合角色规范

相信很多人看到这个题目会充满疑问，什么是“答布”？“答布”就是原始人的“公共行为规范”。原始人为什么会弄出个“答布”呢？

英国天才的哲学家、不可知论者大卫·休谟，早在他 21 岁（1732 年）时出版了一部大部头的著作《人性论》，全书分为三卷，第一卷讨论知性，第二卷讨论情感，第三卷讨论道德。在第三卷中，他分析了“答布”这种现象产生的原因。他认为：“答布是人类在进化过程中为了生存而产生的。”

在动物界，狮子、老虎等猛兽以其他弱小动物为食，生存需要高，可它们凶狠强悍，又有尖牙利爪，因而可以满足自己的生存需求。牛、羊等非肉食动物，没有狮子、老虎的凶悍，但它们的需求低，青草树叶也能果腹，照样可以生存。只有人类不同。与那些猛兽相比，人类存在先天的不足，既没有强悍的体魄，又没有尖牙利爪，反而需求更高，不仅需要这些动物的肉来果腹，还需要这些动物的皮毛抵御寒冷。为了满足人类更高的需求，必须弥补这个先天的不足，弥补的办法就是形成群体，形成团队。只有在社会群体中，人才会更安全，才会更有力量，如图 2-20 所示。

可是，问题来了，人和人要住在一起，怎样才能做到不打架、不起内讧呢？他们又是怎样和睦相处并开展合作的呢？

图 2-20 团队的力量

休谟认为，人类最早是靠两性的吸引维持一种关系，是两性关系，再到亲情关系，之后才有各种“答布”的产生，形成人类初级的社会关系。“答布”是人类社会初期的一种生活规范，它由两个部分组成：一部分是由群体中最大的“头儿”规定的，必须有的行为规范，比如，男人都必须出去打猎，女人去采摘并照顾儿童。这是强制性的命令，如果有人不执行，就会被杀或被驱逐。这一部分规范类似于现代社会的“法律”。另一部分规范，面向生活中的小事，比如，不多吃多占，不欺负弱小，排泄时离驻地远点儿，等等。这个由群体约定俗成的行为类似于现代社会的“道德规范”。如果有人做了此类事情，他不会被杀或被驱逐，但会受到惩罚。其惩罚的方式是，整个族群对发生这种行为的人进行“谴责”，或者对其采取不合作方式，孤立他，造成他某些方面的利益损失。就像当今社会有人随地吐痰、扔垃圾，有人不孝敬父母一样，法律没有做出明确规定，但是社会大众会谴责他们，鄙视他们。

社会心理学家将这种效应叫作“答布效应”。答布效应告诉我们，行为规范不仅为每个个体提供了行为准则，也形成了整个社会在监督和迫使个体遵守行为准则上的心理共识和约束力量，这种力量会对那些不按照行为准则行事的个体形成压力，造成损失，因而减少这种事件的发生，从而起到维系整个社会系统正常运转的作用。

那么答布效应对我们拓展培训师有什么作用呢？我国的拓展培训师有相当大一部分属于自由职业者，这些培训师作为公民必须遵守国家的法律法规，但是他们与组织的关系是松散的，缺少组织和企业规章制度的约束；而在一个规范的组织机构里做内部培训的培训师，不仅要遵守国家的法律法规，还要遵守这个组织的规章制度，以及培训岗位的行为准则和要求，他们的工作表现往往是与收入挂钩的，这些约束也保证了他们的工作质量，以及工作行为的规范性。中国的拓展培训行业有约 90% 的培训师属于自由职业者，他们不受任何组织机构规章制度的约束，这就造成了此类培训师的责任空白。他们临时受聘于某个培训机构，讲什么课、做什么训练项目虽然与培训机构共同商量决定，但是没有制度的约束，很多责任是模糊的，这就造成培训师想怎么做就怎么做。自由度大了，造成各种教学和安全事故的风险也就加大了，这给拓展培训师的口碑带来很大负面影响，也给拓展行业的发展带来很大障碍。基于拓展行业的现状，这是一个急需“答布”的领域，是一个拓展从业人员急需行为准则的领域。这个领域需要形成“个体一旦犯错就会受到族群孤立、谴责”的公共法则。

为此，拓展培训行业的每一位培训师都应有角色意识，除了做个遵纪守法的好公民之外，还要遵守你所扮演角色的特殊规范。比如，作为父亲，你要扮演好父亲的角色，你应当懂得你的哪些行为表现在子女面前是可以的，哪些是不可以的。培训师亦如此，你的一切行为应当符合为人师表的角色规范。

目前，拓展训练行业的从业者还没有国家层面的职业行为规范，这对拓展培训师，尤其是新人拓展培训师是极为不利的。如果不知道社会对这个职业从业者的期待是什么，不知道这个职业的角色要求和行为规范是什么，就很容易走偏路，从而影响其职业生涯发展，对拓展训练行业也是致命的打击。因此，我们必须立刻行动进行行业的自我拯救。

近两年，我和资深的同行朋友们多次讨论建立行业标准的事，我们参考了相关职业的行为规范和准则，共同起草了《当代培训师职业行为十个准则》，希望给每个现在的和将来的拓展培训师提供一个职业的角色标准，并希望大家以此规范来约束自己的行为。只有我们每个从业者都做到严格自律，我们这个行业才会健康规范地发展。

准则一：坚定的政治方向。

准则二：自觉爱国守法。

准则三：建立职业愿景及理想。树立以培训为国家发展、社会和谐做贡献的职业理想，以做最好的培训师为毕生追求目标，永远走在学习的道路上，谦虚谨慎、戒骄戒躁，永不自满。

准则四：永远传播正能量。带头践行社会主义核心价值观，弘扬真善美，传播积极上进、健康阳光的内容；不得通过授课、讲座、网络等渠道发表（或转发）错误观点，不得以任何方式编造、散布虚假信息，不得将任何低俗的表现带到培训中或以低俗的形式取悦学员。

准则五：认真钻研专业技术。清楚培训的原理和作用，掌握拓展训练的五大专业技术，精心打造培训课程，做到每一门课程都有完备的教案和 PPT 课件。关注行业动态，学习行业新技术，随时调整培训方向。

准则六：学员安全第一。强化安全永远是拓展训练第一要务的防范意识，安全是培训效果评价的第一指标。培训前对培训场地、器材等展开全过程安全隐患排查，做到无漏洞、无死角；培训中时刻关注学员安全，发现苗头及时果断采取措施，去除侥幸心理；带领学员进行户外体验培训的培训师必须持有户外训练的相关资质证书，并严格按照安全规章制度进行操作，严格实施备份原则。

准则七：言行举止文明雅正。坚守高尚情操、知荣明耻，严于律己、宽以待人，为人师表、以身作则，举止文明、率先垂范，衣着得体、语言规范，作风正派、自重自爱。

准则八：做学员的良师益友。在培训中，真心帮助学员成长进步，关心学员身心健康，维护学员权益；按照制定的教学方案，严格贯彻实施，不投机取巧，兢兢业业、任劳任怨；不讽刺、挖苦、歧视学员，不体罚或变相体罚学员；不得与学员乱搞男女关系，严禁出现任何形式的猥亵、性骚扰行为。

准则九：内心公正，做良心培训。不得以任何形式欺骗客户，故意夸大事实，自我吹嘘，利用虚假信息博得客户的信任，做不到的事绝不承诺。

准则十：廉洁自律。清廉做人，不得以任何理由索要、收受学员的财物，或参加由学员付费的宴请、娱乐休闲等活动；不得利用培训师身份向拥有某些特殊资源的学员图谋个人便利；不得借机兜售任何其他产品给学员，以谋取私利。

这十个准则就是我们户外体验式培训的“答布”，希望每位培训工作者都能扮演好自己的角色，遵守角色行为规范，从而成就自己的培训事业。“答布效应”告诉我们，既然选择了拓展培训师这个职业，就要用这个职业角色的行为准则自我约束，即干什么就要像什么。

第二十五节 墨菲定律——重要的问题应该说几遍

对于拓展培训行业来说，最重要的问题是什么？当然是安全。为什么这样说？我们从这个产品的发生和发展过程简单地论证一下。

某大学学生会举办了一场活动，活动办得不成功，引起参与者的一些非议。之后学生会全体成员开会，查找问题根源。会上多数人认为是一个女生分管的工作做得不好，才导致这个失败的结果。这位女生成为这次会议的众矢之的，受到大家的批评指责。散会后，她直接离开学校出走了。

很多人可能无法理解她的行为，为了这么一个小小的挫折竟然离校出走了，心理承受能力也太差了吧？是的，可我们再接着想一想，她承受能力差的原因是什么呢？

姑且不论个体的差异，我们可以反思一下我们的学校教育和家庭教育。无论是学校还是家庭，都非常注意孩子智力因素的投入，以至于减少或缺失了孩子非智力因素的投入，造成学生性格、能力等方面的种种“缺陷”：缺乏面对困难的积极心态 / 态度，较好地处理人际关系的能力，合作共赢的意识，勇于担当的品格，情绪管理及抗压能力，抵制诱惑的能力，坚持耐久的意志力，关怀慈爱之心，牺牲和奉献精神，恰当的自尊，等等。

孩子们带着这些方面的“缺失”走上社会，进入职场，可职场不是学校，更不是家庭，这份“试卷”上不只是智力的考核，还有技术、多种能力的考核。你“缺失”的那些能力，正是职场特别需要的，它会变成一种破坏力，制约你未来事业的发展。

在企业中，你的学业资历和同事相差不多，在竞争对手的企业里，也有一个和你学业资历相差无几的团队，我们把它归为智力因素，那么在智力因素相差不多的团队之间比什么呢？比的是你缺失的那些素质和能力。在企业中，什么最重要呢？我们来看一个案例。

甲、乙两家超市相距不远，为了更多地获取客户，两家超市的营销部门都开动脑筋设计各种花样的营销活动来吸引客户。甲超市营销部门的力量强大，推出的活动多，还新颖有趣，周围的百姓都愿意去甲超市。面对着门前冷清的局面，乙超市决心迎头赶上。没有多久，乙超市的方法奏效，很多人愿意去乙超市了，与甲超市打成平手。甲超市的营销策划人发现，乙超市每次推出的活动都和甲超市的活动大同小异，有的时候，甲超市策划人绞尽脑汁创新出来的活动，刚刚推出来没有几天，就发现乙超市也这样做了，他们怀疑是有人泄密，但没有证据，最后选择报警。调查结果发现，甲超市的营销部门一个入职一年多做图文设计的新员工刘某接受了乙超市的各种“好处”，利用工作之便把这些新策划好的活动方案提供给了乙超市。虽然刘某及乙超市相关人员受到法律的惩处，但是给甲超市造成的损失无法追回。

看了这个案例，我们就能理解，为什么很多组织和企业在招聘人的时候都会把人品放在能力之前，就是这个道理；但不幸的是，越来越多带着“缺失”的孩子来到企业，由于这种“缺失”，他们中的很多人就会在不同方面、不同程度上给企业带来损失。

企业为了发展，必须要弥补这个缺失，但是怎样来弥补是一个难题。因为非智力因素方面的训练与智力因素方面的训练有本质的不同，并不是靠看看书、听听讲座就能深深扎根在心里。比如，培养员工团队精神，你请最棒的专家在课堂上讲 10 天团队建设理论课，其效果都不如让员工到培训场地爬一次“毕业墙”。

正是这个原因，拓展训练在中国应运而生并蓬勃发展。

拓展训练对于弥补“缺失”具有重要的作用，但同时其危险系数比在室内课堂里大大增加了。在拓展训练初创时期，由于无知，的确伤害到不少学员，但是我们也在不断地加强安全意识，制定安全规则。拓展训练发展到今天，应该说专业的公司做这种户外体验式培训已经达到很高的安全率。然而，现在仍然可以看到媒体上报道各种安全事故发生。原因是什么？我认为在于某些从业人员的侥幸心理。这种心理表现在两个方面：其一，刚刚进入拓展训练行业的创业者，没有资金或者不想花钱去全面、系统、正规的机构学习，抱着不去学也不一定出事故的侥幸心理。其二，做了三五年的培训师，因为劳累或烦心事而忘记带保护器械，或使用有风险的训练器械，或是应客户要求“做点有风险的事”的情况下，抱着“这一次不一定会出事”，或者“不会在我这儿出事”，还有“前边这样做了很多次都没有出事，这次应该也不会出事”的侥幸心理。

墨菲定律会告诉我们：“会出错的事，总会出错，不管其可能性多么小，但总会发生，并造成最大可能的损失”。

什么是“墨菲定律”呢？ 1949 年美国空军在爱德华兹空军基地做了一项实验，目的是测试人类对加速度的承受极限。其中一个实验项目是，将 16 个火箭加速度计悬空安装在受试者上方。当时有两种方法可以将加速度计固定在支架上，而不可思议的是，竟然有人将 16 个加速度计有条不紊地全部安装在错误的位置上，如图 2–21 所示。

图 2–21　墨非定律

爱德华·墨菲是基地的上尉工程师，他当年参加了这个实验，并亲眼见到了这个错误的发生过程。他联想到生活中很多相似的事情，于是他把这些情况归纳为“如果有两种或两种以上的选择，其中一种将导致灾难，而必定有人会做出这种选择”。墨菲做出这一著名的论断，几天后的记者招待会上那个受试者引用了这一论断，引发了在场几乎所有人的兴趣。大家发现，墨菲的论断在现实中的表现非常多，类似的情境几乎充斥了社会生活的方方面面。你是否也经历了下面的情境？

（1）你携伴出游，越不想让人看见，越会遇见熟人。

（2）一种产品保证 60 天不会出故障，等于保证第 61 天一定就会坏掉。

（3）一个物件久久都派不上用场，可你刚把它丢掉，就必须要用它。

（4）你出去买爆米花的时候，银幕上偏偏就出现了精彩镜头。

（5）你排队等候的时候，另一排总是动得比较快，可当你换到另一排，你原来站的那一排就开始动得比较快了；你站得越久，越有可能是站错了排。

（6）作恶总是要遭报应的，现在未报，不是不报，只是时候未到。

（7）等了太久，公交车就是不来，人刚走了，公交车就来了。

（8）你旁边的车道总是比你这条走得快些。

（9）你最好的分数一定是你一个人玩的时候得到的。

（10）你总能找出一个更便捷的方法，在你已经做完这件事以后。

（11）每次剪了指甲后没多久，就有用得着它们的地方。

（12）排在你前面的人总是有最复杂的手续要办。

（13）当一个妻子学会去理解丈夫的时候，他一般不会再对她说了。

（14）告诉一个人宇宙有3000亿颗星星，他会相信的；告诉他椅子刚漆过，他偏要用手摸一下以确认。

（15）最简单的理论总会给予最复杂的文字表述。

（16）离截止日期越近，为达到目标而需完成的工作越多。

（17）一个人有一只表的时候他可以确定时间，如果有两只的话就难办了。

（18）不管是西瓜还是芝麻，没捡到前，就把手里的扔了。

（19）如果事情还能更糟的话，它会的。

（20）一分钟有多长？这要看你是坐在招聘室里，还是等在外面。

（21）你早到了，会议却取消；你准时到，却还要等；迟到，就是迟了。

（22）别跟傻瓜吵架，不然旁人会搞不清楚到底谁是傻瓜。

（23）想打车的时候一辆都没有，不想打车的时候空车在你身边转来转去的。

（24）你看好五只股票，买进其中一只，结果，除了你手中的那只外，其他四只涨得都很好。

这些是不是都是大家生活中经常遇到的事？后来，人们把墨菲的这个论断称为“墨菲定律”，认为它是世界上最有趣、最有用、无处不在的心理学定律，并把它和“帕金森定律”“彼得原理”一起称为“20世纪西方文化三大发现”。

根据以上那些类似的情况，人们把墨菲定律自然延伸出四个小的原则。

原则一：任何事都没有表面看起来那么简单。

原则二：所有的事都会比你预计的时间长。

原则三：会出错的事总会出错。

原则四：如果你担心某种情况发生，那么它就更有可能发生。

了解了墨菲定律，发现对拓展训练行业同样具有警示的作用。拓展训练是一个有风险的行业，那么作为一家经营拓展训练公司的负责人，你要知道工作的重点是什么。如果你每天只想着抓销售、卖产品，而忽视了抓安全，一个安全事故的发生就有可能让公司破产，因此，安全生产要天天讲，讲多少遍都不过分。然而，你不想安全事故发生，安全事故就不会发生吗？不一定。人类永远无法做到穷尽宇宙所有问题，就做不到永远的百分之百的成功率，我们只是走在探索的路上，只要是未知的，风险一定是存在的。既然有风险，我们就畏首畏尾不做事了？当然不是。你与其坐在办公室里担心，不如行动起来，采取各种手段措施降低事故的发生率。因为不试一下，永远不知道会发生什么；而有的风险是因为你的个人因素导致的，是完全可以避免的。

我们都知道哥伦比亚号航天飞机的爆炸事故，是因为机体外层泡沫绝缘材料在升空后脱落了一块，当航天飞机在以每小时 2 万千米的速度返回大气层时，与空气剧烈摩擦产生了 1400 摄氏度的高温，从脱落处冲入左机翼后融化了内部结构，导致飞机爆炸解体。这个事故是人类探索太空奥秘付出的惨重代价，其事故原因值得航天人反省，也值得拓展培训师反思。

作为培训师，如果因为侥幸心理而造成安全事故，就愚蠢至极、罪不可恕了。我们想想，因为你的一时疏忽，造成参训学员的人身伤害，而你的伤害就像多米诺骨牌一样，不仅仅是造成他们身体的伤痛、心理的阴影，背后是家庭的负担以及恶劣的社会影响，还有，所有与事故发生相关的各方都成了失败者和受害者。学员受的伤害就不说了，提供训练的公司要赔偿损失并名誉扫地，当事人被责罚甚至是被刑拘，整个行业也因此蒙羞，这是一个满盘皆输的结局。

2016 年中央电视台综合频道《今日说法》栏目报道了一起因拓展训

练造成的人身伤害事故。受伤的是新疆的贾女士。

贾女士是某品牌的玻璃门产品代理商，为了提升业绩，想组织一次团队培训活动。在新疆地区像贾女士这样的品牌代理商还有几家，于是大家决定一起出资进行培训。2015 年 5 月，贾女士和其他几个店的人到苏州参加了第一次培训活动。

这次的培训效果很好，一段时间参加培训的员工保持着很好的精神状态，销售量有明显增长。为了保持这种势头，几个店的负责人商量，再组织员工培训一次。其中一家店的负责人联系上姓郑的培训师，邀请他到新疆来给他们做第二次培训。

培训活动分为室内培训和户外拓展训练两个部分。在户外拓展训练中完成“生死电网”这个项目时，贾女士直接从电网上摔了下去，造成第 12 节脊椎压迫性骨折，虽然手术成功了，但留下了后遗症。

事故发生后的第二天，这个姓郑的培训师明知贾女士已经伤重住院，却不辞而别。一年之后，贾女士夫妇千方百计地查到这个培训师的所在地，并一纸诉状把郑某告上了法庭。

2016 年 11 月，法院对郑某做出承担 80% 的赔偿责任的惩罚。

作为拓展训练行业的“老兵”，也是这个行业的开创者之一，我想说一下我对此事的看法。

一方面，是我们的培训师郑某，他应该知道这个项目是存在一定风险的，但为什么没有采取一点点的保护措施呢？当看到贾女士从高空中摔下来，为什么不前去接一下呢？站在培训师的角度，当看到贾女士做出危险的动作时，他在想：“她可能会摔，但不会有多么严重！”于是就没有做出上前去接应的动作。如果当时他预见了这种恶劣的后果，他一定会采取有效的防范措施。这就是墨菲定律，越不想看到的结果，就越会发生，不管发生的可能性有多小，总会发生并造成最大的损失。

另一方面，是受伤的贾女士，她是受害者，但不得不说，在这件事情上她也有疏忽。为什么不去找正规的拓展公司来做培训，而是雇了自由职业者的郑某？作为一个精明的商人，贾女士在采购时一定会权衡利弊：选公司，费用高，安全系数高，风险小；选郑某，费用低，安全系数低，风险大。贾女士最终选择了费用低的郑某。这依然是墨菲定律在起作用，她明明知道选择个体来做拓展培训是有风险的，但仍心存侥幸："风险会有，但没有那么大吧。"为了这个错误的选择，贾女士付出了惨痛的代价。

以上案例，对于拓展培训的甲方来说，这是一个警示：既然你选择了拓展训练这个行业、这个职业，你就要永远把安全放在第一位，甚至不计代价。

墨菲定律提醒我们：在做有危险、有隐患的事情之前，哪怕再小的风险概率也要做最大、最充分的准备，事前尽可能地考虑得周到、全面一些，并不计成本地采取预防措施。如果你这么做了，很多安全事故就可以消灭在萌芽状态。人不可能永远被上帝眷顾，当你妄自尊大时，墨菲定律会让你得到教训；相反，如果你承认自己的无知，谦虚地学习、小心地行事，墨菲定律会帮助你把安全工作做得更扎实一些。

航空界有一个关于飞行安全的"海恩法则"。这个法则认为，每一起严重事故的背后必然有 29 次轻微事故和 300 起未遂先兆，以及 1000 起事故隐患。假如人们在安全事故发生之前，从事故苗头、事故征兆得到预警，并事先采取积极有效的防范措施，那么安全事故就会减少到最低限度。要少出和不出事故，重在防范；要保证安全，必须以预防为主。"海恩法则"还强调了两点：一是事故的发生是量的积累的结果；二是再好的技术、再完美的规章，在实际操作层面也无法取代员工的基本素质和责任心。因此除了建立完备的安全规章制度，也要常抓员工教育，特别是安全教育。这就是墨菲定律给我们的启示："安全生产，警钟长鸣"。

第二十六节
投射效应——培训师万万不可自以为是

这是一个真实的事件，早些年我和一个2000年以前加入公司的老培训师（我们都亲切地称呼“老培”）一起给一家国有企业的员工做团队建设的训练。这一天，我带领的小团队高效快捷，很快完成了任务，总结分享后我让学员稍事休息，然后准备去吃晚饭。这时我看到那个“老培”还在给学员进行点评，就过去听听。这个团队刚刚做完拓展培训最经典的团队合作项目“七巧板”，“老培”态度认真地给学员总结分享。学员完成任务不理想，他正在指出问题。问题其实就是各小组之间争抢资源，缺少整体意识和大局观。“老培”开始上升高度，把培训中的行为迁移到学员的现实工作上，他是这样说的：“你们今天所犯的错误，如果是发生在工作中，势必会给工作带来巨大损失，因此，我觉得你们每个人都不能只想自己的利益，特别是在工作中，要多替他人考虑，多替其他部门考虑，这叫换位思考。只有这样，一个部门的人才能团结一心、密切配合，才能有效提升部门的绩效和企业的绩效，同时也能增进大家的友谊和感情……”

就在这个时候，有个年轻的小伙子突然开口说：“老师，我觉得不是这样，你说的那些都太理想化了，我们单位可不是你说的那样，我们那里是讲‘关系’的，不少人都是部里、总公司‘安排’来的，他们才不会像你说的那样替他人着想，与他人合作呢，过两年又调回去了，所以你说的都没用。”

这个“老培”顿时有点语塞，不知说什么好了，还是其他学员给了他一个台阶儿下，才缓解了尴尬。

我当时觉得并没有多大问题，只是语言表达有点生硬，如果委婉一些可能就不会发生这样的事了。

后来，经过更多的专业学习我才明白，这个“老培”犯了“投射效应”的错误。什么是“投射效应”呢？

心理学专家定义：投射效应是指将自己的特点归因到其他人身上的倾向。在认知他人或对他人形成印象时，以为他人也具备与自己相似的特性，这是一种把自己的感情、意志、特性投射到他人身上并强加于人，即推己及人的认知障碍。简单来说，“投射”就是指一个人以自有知识经验来解释某一事物的行为。

来看一个小测验：有一幅画，里面有两个男人隔着桌子在说话，让几个人同时观看这幅画，看看画里的两个人在做什么？有人觉得那是警察在审犯人，有人觉得是两个商人在谈生意，有人觉得那是两个好友在聊天。为什么大家观看的是同一幅画却有不同的解释呢？这是因为每个人都有自己不同于他人的生活环境和生活经历，并由此形成了自己对事物的独特的判断，当他判断别人的思想和行为时，他会简单化地认为：“他们和我是一样的，既然是一样的，那么他们的行为动机应该和我是一样的，他们的想法和我的想法也是一样的。我是怎样想的，他们也一定是那样想的。”这就形成了观看同一幅画却有不同解释的现象。

这种投射现象在我们生活中有很多。西方有个笑话，是说一个小公主听说皇宫外边有很多饥民在闹事，就不解地问大臣：“他们饿了为什么不去吃奶油蛋糕呢？”她的意思是说，吃了奶油蛋糕就不饿了，也就不闹事了。这就是典型的将自己饥饿时吃奶油蛋糕就不饿的经验投射在饥民闹事的事件上了。

中国有句古语“以小人之心度君子之腹”，说的也是投射。三国时期，董卓把持东汉朝政，为所欲为，朝堂有识之士皆欲杀之而后快。曹操借机欲杀掉董卓，可惜事败。曹操出逃。在逃跑的路途中，经过老朋友吕伯奢的家。吕伯奢看到故人，没有因为曹操的落魄而冷待他，反而杀猪、宰鸡、买酒款待曹操。曹操生性多疑，又处于逃亡之中，当他听到后院有磨刀之声，又听到吕伯奢吩咐儿子“杀……”的只言片语，便认为吕伯奢出卖朋友，要杀他以邀功请赏。心想：“与其让他杀了我，不如先下手为强。”提刀出去把吕伯奢父子杀了，然后来到后院，看到捆绑待杀的肥猪，才知道自己错了。

现代社会，也有很多类似的事情。比如，我们常常错误地将自己的想法和意愿投射到别人身上。自己喜欢的人，以为别人也喜欢；自己不贪恋钱财，以为所有人都不看重它；老师忽略某个问题，觉得这些都是学生能够解决的；父母总喜欢为子女设计未来、选择学校和职业，而不去考虑孩子自己的兴趣和爱好，把自己的喜好强加到孩子身上，认为“我这是对你好，你是理解的”。我们要懂得人与人之间既有共性，又有个性，如果总是以己度人，将自己的意愿强加于人，那么我们就可能在处理人际关系时犯错误了。

了解了投射效应的原理和作用，再看前面“老培”的案例，他的行为就是典型的投射。“老培”本人的经历简单，大学毕业后留校任体育老师，在来做培训师之前从未在企业里呆过，他的生活经历与工作环境与学员大相径庭，他所提供的建议不过是自己认为的合理建议，不是身处激烈竞争环境中的企业学员想要的，这才会被学员斥之为“理想化，不切实际”。所以，作为一个培训师，当你在与学员交流分享的时候，特别是在给出意见或建议的时候，首先要看看自己与学员是否有共同点，想想自己要表达的观点是否“投射”给学员的。此时，应换位思考，如果你是这个企业的学员你该是怎样的想法，你该是怎样的行为。

只有站在学员的立场上，给出的意见和建议才是相对合理的，也是学员可以接受的。

要避免投射效应的负面结果最好的方法就是，提前了解学员的需要和期望，而不是培训师“觉得”他们需要什么。这就要求培训师在培训开始之前做好培训需求调查工作，不仅是要调查 HR 的需求，更要调查受训者的需求，才不至于被学员“反击”，弄得下不来台。

第二十七节
破窗效应——团队熔炼为什么要从小事做起

在培训过程中，特别是在体验培训中，常常发生学员向培训师求情的事。比如，团队中有一两个学员没有完成挑战任务，影响了整个团队的成绩；个别学员有违规行为，如完成任务时不遵守安全规定，培训中违反纪律要求；等等。学员为了取得好成绩，就会围在你身边，求你高抬贵手，不要给他们扣分，或是把没有完成的任务改判为完成，等等。他们会找各种各样的借口和你纠缠，不少培训师，特别是那些性格温和的培训师，经不住学员的软磨硬泡，磨不开面儿，就答应了学员的要求。还有一些培训师有点儿小私心，希望与学员保持和谐的关系，培训结束时可以给自己的评估分打高一点。当然也有相当一部分培训师，感觉这是小事儿一桩，无关紧要而选择了“放水”。

抛弃原则，满足学员的虚荣心，真的是一件小事吗？心理学上有个“破窗效应”，或许能帮助我们解答这个问题。

美国心理学家、斯坦福大学教授菲利普·津巴多于 1969 年做了一项实验。他找来两辆完全相同的汽车，将其中的一辆停在加利福尼亚州帕洛阿尔托的中产阶级居多的富裕社区，而另一辆停在杂乱贫穷的纽约布朗克斯区。停在布朗克斯区的那辆汽车，他把车牌摘掉，把顶棚打开，结果当天就被偷走了；而放在帕洛阿尔托的那一辆汽车，一个星期也无人理睬。后来，津巴多用锤子把那辆汽车的玻璃敲了个大洞。结果呢，仅仅过了几个小时，汽车就不见了。以这项实验为基础，政治学家詹姆士·威尔逊和犯罪学家乔治·凯琳女士提出一个类似的“破窗效应”理论。他们认为，如果有人打坏了一幢建筑物的窗户玻璃，而这扇窗户又得不到及时的维修，别人就可能受到某些示范性的激发，去打烂更多的窗户。久而久之，这些破窗户就给人造成一种无序的感觉，结果在这种公众麻木不仁的氛围中，犯罪行为就会滋生，进而猖獗。

“第一扇破窗”常常是事情恶化的起点。面对“第一扇破窗”，人们常常这样想：“这扇窗被打破了，没见有人管，看样子另一扇窗也是可以打破的。”这样想着，想着，就有了第二个人、第三个人……去打破其他窗户。这一现象在我们日常生活中随处可见。比如，大热天逛街，买根雪糕，想把沾满奶油的包装纸扔掉，可是半天没有找到垃圾桶，把它扔在哪儿呢？扔在干净整洁的地面上？不合适，会招来路人鄙视的目光。当你见到路边一个墙角已经有了一小堆废纸，你毫不犹豫地把手里的包装纸扔过去。许多窃贼，第一次偷东西的时候，吓得心惊肉跳，但是当他发现并没有警察来抓他的时候，就觉得“不会有人来管我的”，于是胆子越来越大，以至于走到无可挽回的地步。这个理论告诉我们，人有“自利”的属性，只要有利可图，又无被制裁的风险，就可能去占这个便宜。

在培训中学员“求情”是一样的道理，如果培训师磨不开面儿，答应了学员一个小小的、不合理的请求，就等于打破了第一扇窗，开了这扇窗，你就不得不开第二扇、第三扇……直到恶果出现。心理学家经研究认为，每个人都有厌恶损失的心理，当你答应了学员一个不合理的请求，你就在学员心目中树立了一个“好人”的形象，当学员又向你提出一个类似的请求时，为了维护在学员心目中已经获得的“好人”形象，只好再次答应学员的请求，否则你的“好人”形象就会崩塌。可是有的时候，事物的发展并不是每个人能预料到的，来看下面的案例。

案例一：在做“背摔”这个项目的时候，有一个安全规则，要求参与此任务的学员把身上的所有硬物全部拿掉，但是常常有些眼睛近视的学员不愿意摘掉眼镜，你提醒他摘掉眼镜时，他会请求你："不行啊，老师，如果摘了眼镜，我什么都看不到了，让我戴着吧，我会特别小心的，行吧？"如果这个时候，培训师心一软，没有坚持原则，答应了他的请求，那么就意味着其他戴眼镜的学员都可以戴着，还会有更多的学员提出其他类似的请求，这样发展下去，安全事故就在所难免了。学员做"背摔"项目时，需要后面有人接着，如果戴眼镜的学员参与了接人，倒下的学员一旦动作不规范，砸到他的脸上，后果可能不堪设想。

案例二：拓展培训中，常常是把一个公司的学员分成若干小团队，每个小团队需要完成的挑战任务都是一样的。之所以这样安排，是因为只有大家的任务是一样的，才能够根据学员完成每个任务的质量，评判出团队的优劣。假设其中一个团队完成某一项挑战任务时失败了，但是已接近成功，离冠军只是一步之遥，这些队员想方设法请求你手下留情。如果是一个缺少经验的培训师，为了维持已经与团队建立的友情，就有可能答应学员的请求。这个时候学员会对你万分感谢，可是危险已潜伏在你身后。这种做法百害无一利。首先，丧失了培训的作用。因为在任务失败之后，你不是带领大家总结经验教训，查找失败的原因，找出避免失败的方法，而是轻易放过。让学员感觉靠着投机取巧依然可以获胜，这次培训就失去了意义，他们不会获得提升，获得进步。等他们回到公司，回到自己的工作岗位上，遇到此类的问题时，依然想着投机取巧就可以蒙混过关。市场不是培训场，竞争对手不会因为你的哀求就把市场拱手相让。不可避免地学员还会遭遇失败，而失败不仅会造成学员个人的损失，还会给企业造成损失，而其中一部分原因很可能就是培训师的失职造成的。其次，学员在培训中，虽然分在不同的团队，但是他们都来自一个公司，也许是一个部门的同事，他们在餐桌上、在宿舍里，或在休息的时候难免要交流训练的结果，互相了解各自团队完成任务的情况，此时其他团队的成员如果知道你给这个团队"放水"了，他们就会觉得不公平。"为什么我们的培训老师要求我们这样严格，而你们的培训老师执行不一样的标准？”轻则，吵吵嚷嚷，说你是“黑哨”，由此干扰培训的正常秩序；重则会把培训师告到培训公司，甚至投诉提供培训的公司。无论出现什么情况，对培训师来说都是得不偿失的，其后果不仅仅是培训师个人名誉受损，还会影响到提供培训的公司的信誉。受训单位会认为这家培训公司水平不高，管理混乱，没有组织，是一家不合格的公司，以后就不会再跟培训公司合作了。

这就是破窗效应给我们的启示和忠告：一个培训师在培训过程中千万不要抱有侥幸心理答应学员任何不合理的、哪怕是再小的“请求”，因为“后果很严重”。这不是危言耸听，我们都知道“蝴蝶效应”，一只南美洲亚马逊河流域热带雨林中的蝴蝶，偶尔扇动几下翅膀，可以在两周以后引起美国得克萨斯州的一场龙卷风。还有前面讲过的“多米诺骨牌效应”，第 32 张骨牌倒下时释放的能量比第 1 张骨牌倒下时释放的能量要扩大 20 多亿倍。因此，打造团队要从每件小事做起，把每件小事做对，团队就成功了。

有个著名的案例。

> 20 世纪的纽约，以脏乱差闻名，环境恶劣，犯罪猖獗，地铁的情况尤为严重。这里是罪恶的延伸地，平均每 7 个逃票的人中就有一个通缉犯，每 20 个逃票的人中就有一个携带武器者。1994 年，新任警察局长布拉顿开始治理纽约。他从地铁的车厢开始治理，办法很简单，就是打扫卫生。车厢干净了，站台也跟着变干净了；站台干净了，楼梯也随之整洁了；随后街道也干净了，旁边的街道也干净了，后来整个社区干净了，最后整个纽约变了样，变整洁漂亮了。

“勿以善小而不为，勿以恶小而为之”，中国古人讲的就是这个意思。

第二十八节
听“话”术——既要听得出，也要“骗”得真

看到这个题目，大家可能会有点纳闷，读懂话外音也就罢了，为什么还要“骗”呢？事实上，这是一个对培训师来说很要紧的话题。在社会交往中，很多人出于各种原因，总是喜欢绕着弯子说话，表达一个意思时不直说，而是采用迂回战术或暗示的技巧，让对方自己琢磨明白或感悟出来其中之意。在培训过程中，培训师与学员也经常这样沟通交流，希望对方能够悟到自己的意思。有些人会觉得，有必要这样绕弯子吗？直来直去多好啊，可是出于对结果的考虑，直来直去往往不好。为什么会这样呢？中国乃礼仪之邦，从古至今讲究礼貌待人，因此，在说话表达一个意思时，首先以让人舒服为前提。比如，我想让你明白 A 这件事，如果我直截了当地说 A，显得不尊重，恐怕会引起对方尴尬，所以按照“和为贵”的处世哲学，我必须要用 B 来表达 A，让你自己从 B 悟到 A。这样的结果皆大欢喜，既达到了我的目的，也没有得罪你。

这样的表达方式，生活在文化古都的老北京人更是技高一筹，张口说话十分不讲究。他们从小就教育孩子，出门办事，与人相处，要“锣鼓听声儿，听话听音儿”，要明白事理，会来事儿。比如，到别人家里做客，因为你是客人，主人可能有要紧事办想让你离开，但又不便明说，便旁敲侧击：“您瞧，聊了这大半天儿了，您一定累了，是吧？”如果你深谙此道，你就明白，这是要赶我走啦，所以赶快找个借口离开，免得耽误人家的事儿。如果你听不懂“累了”是什么意思，还傻傻地客

气："不累，不累，年轻人不怕累。"前者叫"明事理"，后者叫"不懂事，少家教"。

在培训中，培训师与学员相互间经常用这种方式交流。比如，下面这些学员说的话，都是我在带队培训中多次听到的，请大家试着猜一下这些学员心里真正想表达的是什么？

学员甲提议："老师辛苦了，让老师歇一会儿吧。"

答案：______________________________

学员乙："老师，这个'高空断桥'的设施有安全许可证吗？"

答案：______________________________

学员丙："教室的空气不好，有异味儿。"

答案：______________________________

学员丁："老师，你口才真好，滔滔不绝，口若悬河啊。"

答案：______________________________

如果我们能够运用心理学知识，揣摩到学员说这些话的真正用意，那我们就可以采取适当的应对方法，引导培训顺利进行，同时与这些学员的沟通也会在平等、友好的氛围中持续下去。如果我们缺乏透过现象看本质的能力，听不出学员的弦外之音，而是他们说什么你就答什么，后果就会比较严重了。这些学员会认为你层次低，不成熟，没有社会经验，很容易"糊弄"，最后落实在培训评估表上给你评价的分数自然不会高。你在培训的过程中投入再多，再苦再累，也可能因为这一小小的技能欠缺而功亏一篑。

可能有些年轻的、刚步入这个行业的培训师看到这儿，就会着急了，我们刚刚工作了两三年，是非常缺乏职场经验和社会经验的"小白"，我们是真的听不懂别人话里的话，这可怎么办呢？有个小技巧，简单有效，分享给大家，来帮助大家迈过这个坎儿。

"心理定式效应"一节讲过这样一个案例：一个幼儿园大班的小朋

友，问妈妈一个问题“我是从哪儿来的？”这位妈妈没有急于回答孩子的问题，而是冷静地思考了一下反问：“你今天怎么会问这样一个问题呢？”孩子回答：“我们班上新来了一个小朋友，老师说他是四川来的，那我是哪儿来的呢？”作为培训师，在培训中当学员对你说了一段话，或提出一个问题的时候，你可以学一学这位妈妈，不要急于回答，先冷静地思考：学员所说的话有何用心？是否话里有话？当你不能理解这话背后的含义，不妨像这位妈妈一样反问一句：“真是个好问题，但我想知道你怎么会问这样一个问题呢？你是想表达ＸＸＸ意思吗？”通常情况下，此类问题就会在这样的沟通交流中越来越清楚，也就迎刃而解了。

培训中，学员常常用这种方式和培训师说话，而培训师也可以用这种方式和学员交流。这对培训师来说，是一种培训技巧，比生搬硬套大道理要强得多。

培训师肩负的使命就是通过培训给学员传播正能量，转变学员的观念和行为，使之走到与企业或组织目标、方向一致的轨道上来。你既可以直截了当、做口号式的宣讲，也可以通过讲一些企业案例，或者哲理小故事等引发学员的思考，让他们感悟到你想传递的那些新观念。受欢迎的培训师通常都是讲故事的高手。

在培训的过程中，我们通过各种方式向参训学员传递“积极心态、自我成长、团队合作”等正能量的内容，希望学员将所学的东西用到现实的工作中，学以致用，但结果往往是：今天在培训环境中燃起的激情火焰，明天回到原有的工作环境中瞬间被兜头浇灭，很快又回到过去的老样子了。培训师为了提高培训效益往往要采用一些培训技巧，比如像这种“话里有话”的技术，用隐含和暗示的技巧，让学员感悟更深。还有就是讲故事，引导学员思考。

举个例子。你可以这样讲解你的故事，引导学员思考答案。

我给大家讲一个《小鸭子学飞翔》的故事……

一只聪明的小鸭子在河边玩耍，抬头看见一只雄鹰从头顶的天空掠过。小鸭子睁大眼睛，看着雄鹰在天空中上下翻腾，自由自在，时而翱翔在高高的蓝天之上，时而迅猛冲向大河，掠过水面。看得小鸭子目瞪口呆，流着口水羡慕不已。心里想：“要是有一天我也能像雄鹰一样在天空翱翔就好了！”它接着又想：“既然我想飞，那我为什么不去学呢？”想到这儿，它立刻跑回家，收拾好行李，兴冲冲地向远处的大山走去，它知道雄鹰就住在那座山的顶上。小鸭子爬呀爬，攀过了悬崖峭壁，终于到达山顶，见到了雄鹰。小鸭子激动地对雄鹰说：“雄鹰老师，我太羡慕你的飞翔技术了，你能不能把它教给我呀？”雄鹰见小鸭子不辞辛苦，凭着一双鸭掌爬到这么高的山顶上，很是感动，于是回答：“既然你这样有决心，我一定把我的飞翔本领都教给你。”小鸭子留在山上，和雄鹰老师学习了很长一段时间的飞翔。有一天，雄鹰对小鸭子说：“我把我的飞翔技术全部教给你了，你很聪明，也很刻苦，已经完全掌握了这些技术，你可以回家了！”听了老师的话，小鸭子非常高兴，收拾好行李，谢过雄鹰老师，扛着行李向山下走去……

故事到这里就结束了。沉默一会儿，你可以问：“大家觉得这个故事有什么问题吗？”脑筋转得快的学员会很快回答：“小鸭子明明学会了飞翔，它干吗不飞下山呢？”你可以进一步启发：“那这个故事要告诉我们一个什么道理？”学员中不乏聪明的：“学以致用！”

接下来，回到你的真正意图上来，告诉学员，讲解这个浅显的小故事，就是为了让大家记住“学以致用”这四个字。既然大家在几天的拓展训练中感悟了很多，学到了很多，那么希望大家把这些收获运用到以后的工作和生活中去，让我们的工作更加顺利，生活更加美好。

你的目的达到了，因为这是学员自己悟到的，所以他们会记忆深刻。

成人学习有两个显著特征：第一是经验分享，第二是顿悟。如果培训师能够设计好一个途径，让学员自己找到培训师想要传递的观念，此是培训的至高境界。

学习一些揣摩他人心理的方法和技巧，对培训师的工作大有裨益。能够听懂他人话里的话，有一个重要作用，就是给予说话人所期待的反馈。在这里，我们就需要讨论一个道德层面的话题——诚实。

先问问自己："我应该做一个诚实的人吗？"

相信每个人的答案都是肯定的。如果你是否定的，你就会被整个社会的道德体系所排斥，造成你的利益受损，甚至威胁到你的生命安全，这一点我们在前面的答布效应中已经论证过。

接着问自己："我是一个诚实的人吗？我从来没有撒过谎吗？"

这个问题估计大多数人都不知道怎样回答了，开始怀疑人生了，因为在复杂的社会和职场环境中，几乎每个人都多多少少地撒过谎，骗过人。根据英国《每日邮报》做出的一个调查显示，在一个成年人的一天中，平均要撒四个谎。

哲学家告诉我们，事物都是相对的，没有绝对的好，也没有绝对的坏，因此撒谎"骗"人，有时也不一定都是坏事。

例如，当家人被查出身患重症，向你询问检查结果时，你多半不会诚实吧？因为你一旦告诉他真实的情况，就会加重他的思想负担，心理压力大了，免疫力就会下降，免疫力一旦下降，身体可能很快就撑不住了。如果你隐瞒真相，给他编织一个善意的谎言，告诉他："医生说问题不大，只要保持愉快的心情，积极配合治疗，一定可以康复。"病人得到这个信息就放心了，每天保持好心情，吃得香，睡得着，加上积极地配合治疗，说不定就真的痊愈了。这样的例子不胜枚举。

在我们的培训中，培训师也经常会运用善意的谎言，比如，我们前面提到的"皮格马利翁效应"就是典型的例子。此外，当我们在评价一个团队或是某个队员的训练表现时，最好的办法就是给予正向的激励，更多的赞美，更多的表扬。为什么要这样做？我们在前面的“阿伦森效应”和“奖惩效应”中都已深入讨论过了，这里不再赘述。

有一点需要提醒大家，就是“原则的坎儿”。我们从小受教育，要做一个诚实的孩子，否则就会长一个像皮诺曹一样丢人的长鼻子。在学校义务教育阶段，注重孩子品质的养成，但在孩子如何与人交流、沟通方面并没有专门的训练，当他们走出校门、来到社会和职场上，很多人保持着诚实率真的品质，导致与人沟通时“不会说话”，直来直去，从不注意自己的表达方式，在与领导、同事、客户、合作伙伴交流时，也从不说“违心”的话。他们会想：“好就是好，不好就是不好，我不会因为你不好而说你好，也不会明明你很好而说你不好，绝不可以为了利益而讨好、取悦、奉承他人，因为那是‘小人’的行径。我靠的是努力工作，利益的获取是干出来的，不是说出来的！这就是我做人的原则，绝不会‘为 5 斗米折腰’。”他过不了心里那个“原则的坎儿”。

实际上，诚实永远是一个优良的品质，它和沟通能力并不冲突。你可以坚持诚实守信的原则绝不反悔，但需要灵活处理。

因为社会是复杂的，人和人更是千差万别，如果一个人总是以不变应万变，他就可能处处碰壁。在我初入职场的那些年，就是因为不懂得与人如何交流沟通，而做错了很多事，走了很多弯路，现在想起来都追悔莫及。

摔了跤当然想知道为什么？一个最重要的原因，就是自己在没有做好任何准备的情况下，就进了社会和职场，就像一个未成年的孩子，突然被丢弃在危机四伏的原始森林里，而这森林是有自然规律和法则的。如果你不懂这些规律和法则，就会受其惩罚。人是聪明的动物，吃亏后就会总结经验教训，如果我的经验教训对今天的年轻人有用，让他们做正确的事，少走弯路，那我觉得就有价值，因为他们可以通过学习了解这些社会法则，掌握避开前进路上障碍的方法，让自己的事业之路更顺畅。

就“骗”人这个话题，我们做一个案例教学，请大家思考一下，当你碰到下面这些情况，你会怎么办呢？你是实话实说，还是……

场景一：你的女上司很在意她的身材，在办公室里对你说：“嘿，小张，我马上去见总裁，你看我这套衣服穿得合体吗？”在你面前抬头挺胸，展示了一下身姿，然后又问：“是不是我现在有些发胖，这件衣服显得有点紧绷呢？”

场景二：你和客户谈事情，客户略显忧伤地说：“我们都老了，还是你们年轻人好啊！”你马上说：“哪里啊，一点儿都不老啊！”一把年纪的客户顿时睁大了眼睛，很期待地看着你问：“猜猜我多大岁数？”

场景三：你的妻子有一天忧心忡忡地问你：“老公，你有没有发现我的眼角有了好多细纹呢？”

场景四：训练结束，你所带领的团队，成绩倒数第一，这个队的队长很沮丧地对你说：“老师，我们表现得不好，让您失望了，是吧？”

场景五：孩子学习成绩一直都不理想，这次期末考试又有一门学科不及格，孩子问你：“我是不是很笨？”

还有上面提到的患病的亲人，向你询问医生检查的结果。

这些情况，是我们在工作和生活中常会碰到的，可是我们怎样来回答这些问题呢？

这些问题没有标准答案，但是心理学家建议，如果你想给出最适合的答案，那你就必须要猜到这些人真正想听到的答案是什么？

场景一：你的女上司想听的是什么呢？

如果你诚实地告诉她：“衣服的面料很好，样式也很好，挺时尚，可的确是稍显紧了那么一点点。”心理学家会说，你很可能没有说出她想听的答案。

在大公司这个职位上的女性，二十几岁的很少，基本上在40岁上下。这个年龄的女性很在意自己的年龄，记得在一次培训中，一位中年女性在大家的帮助下顺利完成了任务，听到大家对她的赞美时，她由衷地说："女人一过四十，就全完了。"这是她人生经验的总结，其实很多女性都有这种感叹。一位演员获得了金马奖最佳女主角，在上台领奖时，一不小心把头巾掉在地上，她捡起头巾后，自嘲地对台下观众说："女人一过四十，什么都往下掉。"这句话看似平常，却像镜子，照出的是她幽默机智的临场应变，也折射出这个年纪的女人内心世界的危机感。如果这位女上司，也有这样的危机感，那她最想从你嘴里听到什么呢？心理学家认为，这个年纪的女人，危机感之一就是非常在意她在别人眼中的形象，尤其是职业女性，她们依然想拥有年轻健美的身材，依然可以吸引更多人的目光，而不是浑身上下的赘肉都在"往下掉"。她们不想被人说胖，因为胖代表着她已进入"大妈"的行列。所以，你最好选择这样的方式回答她："领导，您哪里胖啊？我还觉得您有点偏瘦呢？"如果你的上司听了这样的话，别的不好说，但她内心的喜悦是100% 的。

场景二：你的客户想听的是什么呢？

恐怕我最有资格谈论这个话题。小的时候，希望快点儿长大，长大了就可以干这个、干那个，可是真的过了 50 岁，就特别惧怕谈年龄。我曾经被一家上市公司聘为培训部经理，那一年我已经有 50 多岁了，可能因为心态好，常常运动，依然充满活力，很多人猜不准我的年龄。一次在办公室里，几个做内勤的小姑娘问我："李老师，您今年年龄是……"我干脆地回答："保密。"把她们几个都逗笑了。可实际上，这既不是幽默，也不是开玩笑，而是我真的不想说。有意思的是，在这样尴尬的年纪，你越不想让人知道，偏偏有很多人就想知道，无论是没话找话，还是另有企图。所以，后来遇到有人问我的实际年龄，我就转守为攻："你猜猜看，考考你的眼力。"统计一下，答案有三大类：第一，说你年轻（他们说的年龄，比你的实际年龄小很多）。第二，实话实说。

第三，其他各种反馈。比如，看您的“身手”，应该在……；看您的人生阅历，应该在……；等等。那么，坦率地说，第二种回答是我最不想听的，最让我心情郁闷的；而第一种回答，让我最开心、最快乐，也是我最想听到的。不要问我什么原因，等你到了我这个年纪，自然会明白。你的客户同样也是这样，因此，当你要回答他这个问题的时候，你要认真地盯着他看上一两秒钟，然后猜出一个比他实际年龄要小 10 岁左右的结果，他听了以后，无论怎么笑你眼拙，你都看得出来，他是真心地高兴和愉快的。在职场上，真的需要掌握一些心理学的知识，让你懂得他人心里所想，说一些让人开心愉快的话，大家岂不都快乐？如果你和客户经常是这样一种愉快的交流，还担心他不与你合作吗？

场景三：面对你的妻子，你知道她想听的是什么呢？

如果你的答案是：“老婆，有点皱纹很正常，别担心，无论你变成什么样，你在我眼中都是最美的。”

那你就大错特错了，因为你根本不懂她问你这个问题的真正用意。心理学家认为，女人问这一类问题的关注点，不是要听你爱的誓言，而是关心自己现在是否依然美丽。此时，你该换一个说法，瞄准她最关心的那个事情打出一波善意的谎言。尽管你看得清清楚楚，她眼角的鱼尾纹肉眼可见地增多了，可你绝不可以透露出任何承认这一事实的信息，因此，你要戴上“眼镜”，仔细地看一会儿她的眼角，然后认真地对她说：“没有啊，我怎么看不出来呀！”或是说：“很平整啊！像镜子一样光滑！”

你大可不必因这样的“欺骗”而产生“做人准则”方面的心理负担，你的善良而美好的“谎言”换来的是一家人的和谐幸福。假如你此时遵循了“诚实”的做人准则，你可能会引发“多米诺骨牌效应”，直至引发一场“内战”。美丽的“谎言”带给你美丽的“人生”，何乐而不为呢？

场景四：如何回答队长的问题呢？

回答这个问题培训师是需要精心设计的，因为这关系到培训的效果。学员在团队成绩较差的时候，最需要的是鼓励，因此有经验的培训师在培训过程中常常对团队和学员的表现及时地给予肯定，甚至是夸张的肯定。比如，斩钉截铁地告诉大家：“你们这个团队是最棒的！”“你们是我见过的最优秀的团队，没有之一！”这样的鼓励增强了学员的自信心和团队自豪感，往往可以起到激发学员斗志、推动他们向更高目标发起“冲锋”的作用。缺少一些经验的培训师，可能也会说同样的话，但在这些话的后面往往又加上不该说的话。比如，他告诉学员：“你们团队是最棒的，但是……假如……就可以……”就是这个“但是”“假如”，是区别优秀的培训师和平庸的培训师的分水岭。因为一旦你加上了“但是”，就意味着前面说的那些话是假的，你就真的是在骗人了，即承认团队和学员表现很差。

需要说明的是，场景四的问题与前面三个场景的问题有很大的区别，回答前面三个问题需要你“颠倒黑白”，不说实话，但是面对培训学员这个问题，是不需要“谎言”的（尽管夸张）。我们在回答学员时，可以采用“标准预设，前提隐含”的技术手段，也就是“最棒的”团队的标准是什么？如果是与成绩最好的那个团队比，那“最棒的”就是谎言，但是如果是把同一个团队过去的表现与现在的表现相比较，现在的团队表现经过训练一定优于过去，无疑眼下这个团队处在“最棒的”时候，那么你说的完全是实话，只不过你隐含前提没说而已。没有学员会质疑你：“老师，你凭什么说我们是最棒的？你的根据是什么？”所以从这个意义上说，你对学员的肯定和表扬说的都是真话。

场景五：如何回答孩子的问题呢？

对孩子和对学员是一样的，记住这句话“好孩子是夸出来的”。孩子在成长的过程中，父母一定是最好的老师，好的老师一定是通过不断地夸奖并发现孩子的优势来帮助孩子建立自信心的，从而培养他们完整、健康的自尊体系。成绩不一定突飞猛进，但避免了孩子幼小心灵的伤害。

综上所述，当你面对上面那些工作和生活中的具体场景，要不要“谎”一下呢？心理学家 Grand 表示：面对敏感的女人，苛刻的上司和迟钝的员工，“我们几乎没有诚实的权利”。

那么，我们怎么知道什么时候需要“谎”一下呢？社会生活如此复杂，人际交流的语言更是丰富多变，绝不可能每个场景的问题都有标准答案，那如何判断每个具体问题是需要诚实回答，还是需要“谎”一下呢？个人的心得是：当人们想说谎的时候，只有两个目的：一个是助人，一个是害人。当你的目的是真心想帮助他人时，你所说的就是善意的谎言，但如果你是想害人，或是想图谋个人利益的话，那你所说的就是恶意欺骗。

第二十九节
心理暗箱——学会“相面”，找到打开暗箱的钥匙

如果现在告诉一个体验培训的新人，你要想进步得快，那你就要学会“相面”，你会是什么反应呢？

这些年做拓展培训师的经验告诉我，一个优秀的培训师一定要有这样一种功力，就是从学员的表情特征看到他们的内心世界。如果你具备这种能力，就能预知当你给学员一个刺激时，包括语言、心理、体能刺激等，他们最可能的反应是什么，就会根据学员的反应来掌握分寸，并将这种分寸拿捏得恰到好处，既给了他们必要的刺激，又不至于让他们反应过度而影响培训效果。反之，就有可能因为学员对刺激的反应过度而造成培训效果不佳，甚至是负面的培训效果。

当然，培训师不是算命先生，我们只是学习一些对培训有帮助的识人技巧，用来辨识学员的性格、脾气、秉性，从而避免矛盾冲突，争取最理想的培训效果。

我国传统文化中就有“相由心生”的说法，认为人的外在相貌受内在的心理或心境的影响。有什么样的心境，就有什么样的面向，一个人的心性、心思与作为，可以通过面部特征表现出来。比如，一个人内心阴暗，外表也会给人一种猥琐的感觉；而一个内心善良的人，外表也会给人一种阳光温暖的感觉。

就是说，一个人对外部世界的态度、想法是可以从他们的表情特征中读出来。

有多年培训经验的人都有过这样的经历：团队中个别学员占用大量训练时间也无法完成个人挑战任务，以至影响整个团队；训练过程中学员与学员之间，甚至学员与培训师之间发生过激行为，如争吵；你认为一句很平常的话却招致个别学员的不满情绪；等等。这些情况的出现，毫无疑问会影响培训效果。可为什么会出现这些情况呢？原因很简单，其实就是学员性格的差异造成的，由此表现出不同的行为特征，有的胆子小，有的暴脾气，有的心胸狭窄，等等。那我们如何改变他们呢？古人语“江山易改，本性难移”，我们很难去改变他们的性格，但可以避其锋芒，另辟蹊径。借鉴一下禹的手段：传说在尧帝时期，黄河常发洪水，为了制止洪水泛滥，保护农业生产，尧帝召集部落首领开会，求能人治水。鲧被推举治水，他的办法是堵，修堤筑坝，来阻挡洪水的侵袭，但洪水不退，治水失败。后用禹来治水，禹的办法是疏导，即破堤坝、修渠道，把洪水引向大海，于是治水成功。对这些学员来说，我们不用改其性格，避开负面影响就好了。

在培训中，胆子小，暴脾气，心胸狭窄，这三类学员最有可能干扰培训秩序，影响培训效果。

首先，怎样解决学员因胆子小而造成时间安排错乱的情况呢？

胆子小的人通常有以下性格特点：一是敏感，容易焦虑与不安；二是易受压，容易受到外界压力的影响，常为某些小事而感到沮丧、烦躁；三是缺乏自信，他们对自己的要求很高，但又缺乏勇气和决心，往往很难满足自己的心理期望。胆子小的人的心理特征主要表现为：一是害怕，因缺乏自信，所以常常感到害怕。他们害怕面对新事物、新环境、新人际关系，总之害怕一切不确定的因素，所以尽量采用逃避或者回避的方式来应对这些问题。二是懦弱，由于缺乏决断和决心，往往徘徊于选择之间，而不敢做出决定。怕把事情搞砸，所以总是小心翼翼、畏畏缩缩。

了解这些特征，能够更好地理解和帮助学员。培训师通过以上特征辨识出胆量小的学员，之后至少可以采取三个有效的应对办法：一是及早采用“皮格马利翁”等心理暗示的方法，提升学员的勇气和自信心。二是在分享讨论的时候，不要过早地向他们提问，否则会让他们难堪，伤其自尊，也耽误时间。三是胆子小的学员是团队中最需要关怀的，培训师应给予他们更多的关心、关注，教会他们培养自己良好心理素质的方法，陪伴他们完成任务，让他们感受到坚强面对的力量。

其次，怎样解决学员因心胸狭窄而出现不满情绪呢？

心胸狭窄的人，通俗点讲就是“小心眼儿”，这类人在性格、心理上通常有以下几个主要特征：一是嫉妒心强。一般不能容忍别人比自己优秀，否则会感觉自己成了别人的陪衬，难于接受现实。嫉妒之火在心中燃烧，经常会烦躁不安、心神不定。二是多疑。不相信别人，有怀疑一切的习惯。对人对事就是不放心，以自我为中心，不管别人说真话还是假话，他都觉得在骗他。三是斤斤计较。为人处事不大度，对一些无关紧要的事过度计较，容不得别人对自己指手画脚，不高兴就翻脸不认人。四是报复心强。不能包容别人的缺点，不能容忍别人对自己的无意触犯和伤害。有时候旁人的一个无心举动和一句随意的言谈，他都很敏感，在心里形成挥之不去的阴影，无法释怀。总想伺机报复别人，使别人受到伤害，不达目的不罢休。

当我们发现有这些特征的学员时，就要小心了。和他们沟通分享时，言语表达要特别注意，想要说什么，一定要先过一下脑子，千万不要用那些严厉、不留面子、有刺激性的言辞讲话，即使你不是单独对他们讲的也不行，因为“说者无意，听者有心”，你明明是泛泛一说，心胸狭窄的人就会认为这是“针对我的，是瞧不起我，是对我的蔑视”，轻则忌恨你，重则“奋起”反击。

在人众人培训公司早期，有个国内500强企业高层管理的智囊团，40多人来参加训练。在做天梯这个项目时（《做最好的拓展培训师》一书中有对天梯项目的详细介绍），其中有一组学员年龄偏大，身体也偏胖，到了第三级之后，怎么都上不去了。为了不影响时间安排，带队的培训师给他们做了一个时间限制，如果10分钟上不去的话就必须下来。他们两个又努力向上攀登了两次，均未成功。培训师就让他们不要再向上攀爬了，吩咐做保护的队员放他们两个下来。他们不同意，请求培训师允许他们继续往上攀登，被培训师严词拒绝。两个人很不情愿地下来了。任务结束后，培训师做培训总结，他还没有讲话，那一组被迫下来的学员其中一个气势汹汹，怒目圆睁，高声严厉质问培训师："凭什么不许我们完成任务，前边几组用的时间更长，你不制止，为什么对我们这样？你有什么权力？有什么了不起的……"我当时正在场地上带领另一个公司训练，听到他们那边吵起来了，就赶快跑过去制止争端。事后与他们带队负责人谈及此事，负责人告诉我们，质问培训师的那个人是个博士，平时在公司也经常因为一点小事与同事争吵，让培训师别把这事放在心上。

了解了心胸狭窄的人性格、心理特征，以及他们的行为表现，培训师可以采取三个有效的应对办法：一是利用你的优势。有时你可能没有机会深入地去观察这个人，因此要学会利用自己的优势。比如，你拥有良好的思维、优越的语言表达能力，可以利用自己这些优势"对付"小心眼儿的人。二是换位思考。当遇到一个小心眼的人，要学会站在他的角度去思考、看待问题，做出良好的观察和判断。比如这个人可能是一个保守、安静、容易受挫折的人，你可以用温和、亲切的话语去打动他；如果这个人是个暴躁、易怒且掩盖事实情况的人，你可以给他一下暗示的话语，让他觉得自己可以信任你的真诚。三是利用表达技巧。当遇到这样一个小心眼儿的人，可能会因为你无心的表达不当而制造矛盾，这种情况下你需要使用一些表达技巧去解决问题。比如，不想回答他的问题时，可以夹带一句幽默的话语搪塞过去；也可以用一种无可挑剔的表达方式去回应他。

在社会人群中，心胸狭窄的人还真是不少，来参加训练的学员中也难免会遇到，因此培训师要格外警惕。一旦不小心，就会惹出些麻烦来，影响你的培训效果。你前边做了再多的努力，流了再多的汗水，可能就因为一句话而变成无效劳动，你好不容易树立起来的“高大”形象，瞬间崩塌。

最后，怎样解决暴脾气的学员干扰培训秩序呢？

在训练过程中，学员与学员之间发生过激行为，如吵架，甚至有时候动起手来，这些年我见过很多，都是因为一点小事而发生冲突。究其原因，必定是其中一人的性格为一点就着的炮仗脾气。这种吵架甚至动手的行为发生在培训过程中实在不是一件好事，如果能够防患于未然，及时掐灭“导火索”，让“爆炸”胎死腹中，岂不皆大欢喜？那么怎样来掐灭这个“导火索”呢？

暴脾气的人，在性格、心理上通常有以下几个主要特征：一是性格暴躁。很容易被激怒，常无缘无故地发火。二是情绪化。容易冲动，喜怒哀乐多变，很容易受外界环境影响。三是控制欲强。不喜欢被人支配，喜欢改造他人。四是以自我为中心。很难容忍别人的错误和缺点，特别是在自己的事情上。五是攻击性。当这类人受到挫折或不满意时，往往采用攻击性行为来发泄自己的情绪。这类人最直接的表现是急躁、不耐烦。

在培训中，当培训师第一次看到学员的时候，有一件很重要的工作，就是“探雷”。要认真观察学员的行为表现，具有上述性格、心理及行为特征的学员就是“地雷”，这些学员很有可能在他人无意触碰之后“炸响”伤人，因此尽早识别出来是很有必要的。当发现有“地雷”后，心中有数就行了，因为地雷不是定时炸弹。后者你碰不碰它，它都要炸的；而地雷是只要你不碰它，绝大多数情况下都不会自己炸响的。因此，你只要别“触碰”或招惹他即可，方法就是以柔克刚，太极战法，同时也要主动出击，即“排雷”，更多地与他们做善意的交流，并讲求沟通的方式方法，从而赢得他们的信任和友谊，这样他们就很难

"炸响"了。

学会为学员"相面"，能帮助培训师顺利度过培训过程中的沟沟坎坎。比如，团队训练需要培训师创造积极向上的团队氛围，当培训师发起号召或者布置任务时，如果无人响应，岂不尴尬？因此，培训师必须要找到团队中少数几个一定会积极响应、主动配合的学员，首先获得他们的支持，才能带动多数迟钝、犹豫的学员。可是，哪些学员会主动响应呢？当然是那些心态阳光健康、主动积极的学员。这样的学员很容易发现，你可以通过"相面"找到他们，因为一个人的内心世界会反映在他的脸上。内心阳光的人，哪怕身处逆境，也是积极乐观的，脸上常常有开心的笑容；而内心阴暗的人，看到的世界总是灰暗的，任何事情都不能让他开心，因此脸上总是挂着压抑和无望的表情。找对人，熔炼团队会顺利得多。

如果人的心理是一个暗箱，那么培训师有必要掌握些"相面"的技巧，通过探究人的性格特征、心理特征及行为倾向，找到打开"暗箱"的钥匙——有效应对各类学员、保证培训顺利完成的方法。

第三十节
心理动机——可以从表情和动作上判断出来吗

体验式培训是成人教育最重要的手段，但是否能够成功地完成一次对成人的教育，则取决于培训师自身的能力和水平。培训师的能力和水平不仅体现在他们的学识和职业的专业性上，更体现在授课过程中灵活机动的应变上。为什么“应变”很重要呢？因为成人教育与孩子的教育有很大不同。孩子就像一张白纸，老师教什么，他们就学什么，从不会说老师教错了；成人则不一样，成人走上社会，经历了多年的社会生活后，逐渐形成了自己对这个世界独特的认识和看法，也就是他的世界观和价值观。当有人对他进行说教或是听到某人宣扬一种主张时，他首先会根据已有的经验去判断其“说教”或“主张”是否与自己所见、所闻相一致。如果见解一致，他就会认同并愿意继续听下去；如果不一致，他就会做出各种抵制的行为，如辩论，走开，关注点转移，焦躁不安，不耐烦的表情，希望终止的暗示，等等。此外，由于成年人的生理原因，如学习时注意力降低（过度疲劳）、慢性病（神经衰弱）、睡眠不足等原因，也会出现某些抵制行为。这些行为除了有明确表示的意见，如和培训师展开辩论、直截了当地提出反对意见等语言符号外，其他都是学员内心希望终止的暗示信号，如果培训师不懂得辨识，并根据学员的反映做出恰当的调整和改变，培训效果将大打折扣。

因此，培训师要学习并掌握这样一项技能，就是从学员的表情和肢体动作上看出学员内心所思所想，特别是一些学员在课堂上常见的表情和动作，理解这些表情和动作的含义，并据此迅速调整自己的讲课策略。

人的表情主要有七种，分别是高兴、伤心、恐惧、愤怒、厌恶、惊讶和轻蔑，还有一种叫作“面无表情”，也叫平静，前面七种是由外界刺激而出现的状态，后面一种是没有被刺激的状态。这都是我们在培训过程中常见的学员的表情，需要培训师快速识别。

简单解释一下。

平静：脸上没有表情。是因为学员还没有被任何情况刺激到，也没有思考什么，心里也没有被什么干扰到，只是平静地等待事情的发生。这种表情通常发生在培训之前，也就是大家来到教室，在座位上坐好，等待培训开始的那一刻。

高兴：喜悦、开心、快乐。高兴的表情特征：嘴角翘起，面颊上抬起皱，眼睑收缩，眼睛尾部会形成明显的“鱼尾纹”。

伤心：痛苦、悲伤。伤心的表情特征：眯眼，眉毛收紧，嘴角下拉，鼻孔内缩，下巴抬起或收紧。

恐惧：害怕、惊慌。恐惧的表情特征：嘴巴和眼睛张开，眉毛上扬，鼻孔张大，身体收紧。

愤怒：气愤、发怒。愤怒的表情特征：眉毛向内收缩，眉尾上抬，前额紧皱，眼神定住，嘴角向外拉开，极度愤怒者会发出喊叫声。

厌恶：嫌弃、反感。厌恶的表情特征：嗤鼻，上嘴唇上抬，眉毛下垂，眯眼。

惊讶：惊奇、惊异。惊讶的表情特征：下颚下垂，嘴唇放松，嘴巴张开，眼睛睁大，眼睑和眉毛微抬。

轻蔑：轻视、不屑。轻蔑的表情特征：嘴角一侧抬起，作讥笑或得意笑状。

了解以上这些表情，以及这些表情产生的原因，是人际交往的常识，也是我们培训师的基本功。因为我们的工作就是和人打交道，如果你不能读懂学员的表情含义，不知道他们的内心所想，就很难做好这份工作。

我们知道，成功有效的沟通一定是双向的，也就是“信息发送方”能够及时地得到“信息接收方”的反馈。反馈可以有多种途径，如语言、文字、表情、动作，第三方传递，等等。当一对一沟通时，反馈的途径通常是语言，但当一对多或多对多沟通时，几乎所有获得反馈的途径都要用到。培训师与学员的沟通就是一对多的沟通，因此毫无例外会用到上面多种反馈途径。为了获得真实的反馈，选择反馈方式时必须有所侧重。语言文字的反馈有可能不真实或部分不真实，而表情和动作很难骗人，因此培训师要努力提高通过学员的面部表情和肢体动作来判断他们内心真实想法的能力，我们可以叫它“读心的技术”。

当然，培训师不是福尔摩斯，没有必要全面掌握读心的技术，我们只要学会和掌握在培训中需要的那一部分知识和技巧就可以了。

那么我们在培训过程中的哪些场合需要读心的技术呢？我认为至少有三个场合是特别需要的。

第一，判断学员对你提出的问题的回答是真还是假。

第二，判断学员对培训师的讲授（内容、表现形式）的接受程度。

第三，判断学员在培训过程中与培训师交往的接受度。

接下来面对这三种情况，给大家分享一些较为实用的识别方法。

第一个场合：判断学员对你提出的问题的回答是真还是假。

在培训过程中，培训师会向学员提出各种各样的问题。比如，当培训师给学员下达一个指令，要大家完成一个挑战任务时，会问大家“能不能完成任务？有没有信心？”当培训师讲完一个道理或理论的时候，会问学员“大家有没有听懂？是不是认同？”或是问他们对某一个现象或者事件的看法，比如，当个别学员违反培训纪律如迟到，学员有什么看法，等等。我们发现，有相当一部分回答，我们很难确定其答案是真是假。也就是说，你无法确定他们是不是在撒谎。如果是孩子撒谎，我们很容易就能觉察出来，比如，他们会脸红，眼神闪烁，低头向下，避开你的眼神；如果成人撒谎呢，我们很难看得出来，因为他们不仅不会脸红，而且他们伪装得比真的还真，一脸的诚恳和无辜。如果我们不清楚他们的答案是否正确，就会引起一些不良的后果。那么怎样确定他们的回答是真是假呢？有一个很好的解决办法，就是使用心理学家研究的协助警方办案的测谎技术，其中几个小技巧非常管用，我们来认识一下。

技巧一：不提及自身及姓名。

比如，你问学员“昨天晚上的课你为什么没有来呢？”或者“为什么集合时迟到呢？”如果他的回答是“不舒服”或者“生病了”，那么基本上就可以断定，他所说的是假话。英国赫特福德大学教授、心理学家韦斯曼的研究证明，人们在说谎时会自然地感到不舒服，他们会本能地把自己从他们所说的谎言中剔除出去。所以，他们会用“生病了”“不舒服”来代替“我生病了”“我不舒服”。如果你向学员提问时，他们总是反复地省略“我”，那么就可以断定，他们很大程度上没有说实话。

技巧二：说谎时眼睛会向右上方看。

如果你想分辨一个人是否说谎，可以问一些他必须要经过思考回忆才能想起来的细节。比如，还是刚才那个学员，你问他“那你在屋里休息的时候吃药了吗？有人给你送感冒药了吗？”他在回答问题时有三个细节可以提供他是否说谎的证据：①如果对方看着你的眼睛，不假思考立刻就回答，他很有可能是在讲述事先已经编好了的谎言。②看他如何组织语言。如果他基本上是在重复你说的话，那么很有可能是在撒谎。比如，他回答：“在屋里休息的时候吃药了，有人送了些感冒药来。”③观察他眼球转动的方向。人在认真思考并回答一个问题的时候，眼球一定是向上的，因为他要把眼前多余的、影响他思考的那些东西去除掉。如果他的眼球先向上，再往左，则说明他在试图记起确实发生过的事情；如果他的眼球先向上，后向右，则说明他在编织谎言。

除了这三个细节，还有一个动作可以证明回答问题的人是在说谎，就是这个人在回答问题的时候，他的视线和他的手指所指的方向不一致。看向东时，手指却指向西（左撇子除外）；肯定一件事情的时候却摇头，或否定一件事情的时候却点头。这些动作不是每个人都有，但是只要有了，基本上就可以证明他在说谎。

技巧三：从笑容里洞悉真相。

笑是人们日常生活中呈现得最多的表情之一。美国精神病学专家威廉·弗赖依博士强调，生活里不能没有笑声，没有笑声人们就容易患病，并且容易患重病；然而，呈现在人们脸上的笑容并不都是自然的、发自内心的。

美国加州大学心理学家保罗·埃克曼教授和肯塔基州大学的华莱士V法尔森教授经过多年研究，设计出一套识别面部表情的编码系统，能够成功破解人们的真实表情，包括真笑和假笑。实验证明，喜悦产生的自发笑容（真笑）和故意收缩面部肌肉引起的伪装笑容（假笑）是不一样的。

真笑时嘴角上翘，眼睛眯起，此时面部主管笑容的颧骨主肌和环绕眼睛的眼轮匝肌同时收缩。因为真心流露的笑容是自发产生的，不受意识支配，所以除了反射性地翘起嘴角外，大脑负责处理情感的中枢还会自动指挥眼轮匝肌缩紧，使得眼睛变小，眼角产生皱纹，眉毛微微倾斜。

假笑时只有嘴角上提。伪装的笑容是通过有意识地收缩脸部肌肉、咧开嘴、抬高嘴角产生的。与真笑不同，此时眼轮匝肌不会收缩，因为眼部肌肉不受人的意识支配，只有真的有感而发时才会发生变化。有些人假笑时动作很夸张，面部肌肉强烈收缩，整个脸挤成一团，给人造成眼睛眯起来的假象。注意，此时眼角的皱纹和倾斜的眉毛是没有办法伪装的。换句话说，遮住一个人面部的其他部位，只露出眉毛和眼睛，若是真笑依然能看出来他在微笑，若是假笑就只能看到一双无神的眼睛了。“真正的微笑是均匀的，在面部的两边是对称的，它来得快，但消失得慢，它牵扯了从鼻子到嘴角的皱纹，以及你眼睛周围的笑纹。”考恩说。伪装的笑容来得比较慢，而且有些轻微的不均衡，当一侧不是太真实时，另一侧想做出积极的反应。眼部肌肉没有被充分调动起来。

因此，要想知道别人是真心地笑还是装出来的笑，眼睛和眉毛是最重要的线索，如图 2–22 所示。

图 2–22　真笑和假笑

技巧四：说谎时会触碰鼻子（特别是男性）。

一个人在说谎时，更多的血液会上流到头部，此时整个面部会泛红，还会因血流的充盈而使他的鼻子膨胀几毫米。当然，这通过肉眼是观察不到的，但是说谎者会因此感到鼻子不舒服，会不自觉地触碰自己的鼻子，以缓解鼻子的不舒服，这个动作说明他很有可能是在说谎。

技巧五：说谎的人总爱触摸自己。

心理学家奥惠亚等曾做过这样一项实验：指示被实验者用谎言回答面谈者的提问，并分别记录刚刚下达指示后、说谎前、说谎时、说谎后各个时间段里的非语言型行为，与不说谎时的行为加以比较。

被实验者在说谎的时候，回答变得更加简短，而且伴有摆弄手指，下意识地抚摸身体某一部位，如摸脖子（仅限男人），用手捂住嘴巴或是用食指掩盖上唇，擦眼睛，抓耳朵，等等；或者其他一些细微的动作，如拉拽衣袖、衣领，整理衣服，握住首饰，等等。这是因为人在说谎的时候会紧张，于是就会有一些不自觉、下意识的小动作来掩饰内心的紧张感，这些身体的小动作就是心虚的表现。

当我们掌握了这些技巧，就可以大致判断出学员是否说谎了。当然，我们了解了这个事实并不是为了揭露他们，以证明自己的高明，而是要从说谎这个事实出发，来决定自己下一步的行动。比如，还是刚才那位迟到的学员，如果我们判断出他在说谎的话，那么我们就知道，他没有生病，培训可以继续。至于为什么要说谎，不必追究，因为每个人都有保留隐私的权利。如果我们判断出他说的是真话，那么我们就有责任和义务去关心他了，因为在培训中，关心学员的安全和健康是培训师的第一要务。你需要马上了解他患病的程度，来决定是否有必要去医院诊治，还是回房间休息一会儿？还有一个作用，就是学员将要去完成考验其心理素质（胆量）的挑战任务时，培训师会问大家“能不能完成任务？”个别男性学员因为面子，明明心里非常害怕，但是嘴上就是不承认；有些女学员，明明有这个胆量，但为了保持女孩子矜持、柔弱的形象，不被看成“女汉子”，也要装出怕得要死的样子。如果我们看不出来，那么帮助他们完成任务采取的方法、措施就会南辕北辙，造成时间和劳动的浪费。

第二个场合：判断学员对培训师的讲授（内容、表现形式）的接受程度。

培训师讲授的内容和讲课的风格是否被学员所接受，有三个途径可以得到学员的反馈：一是课堂反应，二是培训师的询问，三是学员对培训师的评估。我认为，观察学员在课堂上的反应是最重要的一件事，因为学员的反应直接告诉了你，培训内容好不好，你讲授的风格他喜不喜欢，进而根据这种反应对培训内容和表现形式及时地做出调整。当然，我们也可以直截了当地问学员“内容好不好？有没有用？”可是你想一想，学员得需要多大勇气才可能对你说：“老师，你讲的都是垃圾。”碍于面子，学员对你的表现多半是肯定的。最后是评估表，可如果要等到看评估表上学员的反馈的时候，那一切就都晚了。因此，观察学员在课堂上的反应并根据不同的反应及时地调整讲课内容和表现方式，是一个培训师最重要的培训技术之一。

那么，学员的反应一般以什么方式表现出来呢？他们的反应是透过他们的表情和肢体语言来表达的。是不是喜欢你的教学方式，从这两个地方观察便一目了然。

先说表情。什么样的表情表达的是喜欢？什么样的表情表达的是不喜欢呢？

（1）喜欢的表情。因为感兴趣、被吸引他们向你投来专注和略带兴奋的目光。学员脸上可以没有表情，但是几乎所有人都不动声色地看着你，此时你就可以断定，你所讲的内容是他们想听的，并且已经听进去了，如图 2–23 所示。

图 2–23　喜欢的表情

（2）不喜欢的表情。主要表现为厌恶和轻蔑，以及轻度的愤怒，这种表情从学员脸上可以很容易地看出来。

再说肢体语言。什么样的肢体语言表达的是喜欢？什么样的肢体语言表达的是不喜欢呢？

（1）喜欢的肢体语言。面向演讲人，身体略向前倾，头部端正，下颚略微抬起，目光专注有神。

看到学员是这种反应时，培训师就可以放心地继续讲下去了。

（2）不喜欢的肢体语言。有些肢体语言特别明显，比如，转身向后不听讲了，或者用手指把耳朵堵上。培训师看到学员的这种肢体语言立刻就可以意识到，自己的表现出问题了，必须立刻采取措施，改变策略，调整内容或安排；但是，更多的学员出于礼貌和尊重，他们会用肢体语言来暗示培训师终止或做出改变，也有一些肢体语言是因为学员不喜欢而无意识、不自觉地表现出来的。如果是一些有心理学常识的培训师，他们就可以读懂学员肢体语言的意思，从而及时地采取有效的措施，进行调整和改变；如果培训师对学员肢体语言的暗示毫无觉察，或者麻木不仁，继续口无遮拦地讲下去，不做调整，就会犯下致命的错误，导致较差的培训效果，甚至可能出现被学员从培训教室直接赶走的尴尬事件。要想避免这种结果，培训师一定要学习一些心理学的知识，通过学员的肢体语言来了解学员的内心所想，及时地做出调整和改变，来满足客户的需求，从而取得良好的培训效果。

不喜欢的肢体语言在课堂上有三种表现类型：反感型、无聊型和倦怠型。

一是反感型。学员认为培训师的讲述内容不正确而做出的身体反应。典型的表现为：身体略显无力地斜靠在椅子背上，头后仰或偏在一边，伴随着轻蔑（如撇嘴）的表情，以厌恶或不满的眼神来看你；两条腿或放松地敞开，或一条腿搭在另一条腿上，或一前一后蹬在地面上，双手交叉抱住后脑勺或抱在胸前，如图 2-24 所示。

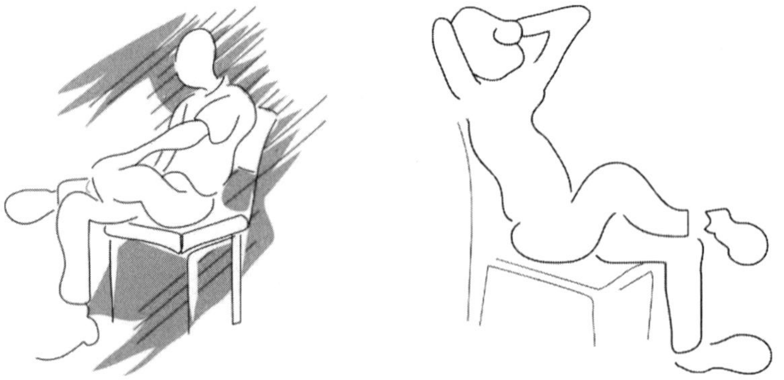

图 2-24　反感型肢体语言

当站立时，或双手叉腰，或一只手握拳支在下巴上，另外一只手抱着这只手的胳膊肘，同样以不满的眼神盯着你看。

如果培训师发现一群学员中有三五个，甚至更多学员有这样的肢体动作，就说明自己的讲述出问题了，此时培训师就如同在高速路上行车的司机，见到路面上出现异常，要迅速反应并踩下刹车。解决的办法是：立刻宣布休息，然后找到典型代表人物进行沟通，找到问题的原因以及新的授课方式，也就是说，要先排除故障，才能再次上路行驶。

二是无聊型。学员认为培训师的讲述内容枯燥乏味，引不起兴趣而做出的身体反应。或呆看窗外，或左顾右盼，或与身边的人小声交谈，或双手抱头仰看天花板，或摆弄手机，或整理衣裤，或闭目养神，打哈欠，或是不停地看手表，就是不看你。就算有人看着你，也是单手托腮，目光无神。

如果培训师在讲课时，发现很多学员是这种表现时，就说明你所讲的这些内容或讲课的形式一点儿都不能吸引和调动学员，无法引发学员听课的兴趣，那么此时就不用硬撑着了，赶快换个“打法”是最明智的选择。好在成人培训比学校教育灵活得多，拓展训练的优势之一就是教学手段多样，这时培训师可以马上带领学员一起做个趣味小游戏，或者组织一个小型的团队竞赛，或者把自己讲课的形式变成学员之间讨论、辩论的形式，与学员互动起来，等等。解决办法依然是“踩刹车”，及时地改变和调整。

可能很多人会问：为什么学员会有这种表现？是什么原因造成的？到底是学员的问题还是培训师的问题？这种情况能不能避免？

我认为，学员不感兴趣，无法被吸引，有多方面的原因，比如，有组织方的原因，有培训师的原因，也有学员的原因，但是根本原因还是培训师的原因。如果是一个有经验、专业能力强的培训师，他在培训前就可以解决各种信息不对称的问题，清楚地了解学员的状况和他们的需要，在培训过程中以高超的专业技能、生动的演讲如磁石一般吸引住学员。所以说，在培训中出现这种情况，其根本原因还是培训师自身的修炼不够。至于怎样讲，在拙作《拓展训练简史》一书里有详细的论述。

三是倦怠型。学员的生理反应在课堂上的表现就是，疲倦，很累，提不起精神，昏昏欲睡。这个时候他们的肢体语言与无聊型有些相似，培训师要注意区分。

如果培训师发现学员在课堂上非常困倦，不要指望通过提醒、警示来制止他们的睡眠。人们一旦想睡觉，这个欲望是不可抗拒的，经常跑长途的驾驶员有这个经验，就是在行车途中困了的话一定不能硬撑着，而是立刻停车，靠在路边睡一会儿，哪怕只有几分钟，就可以恢复精神。如果坚持开车，就有可能发生车毁人亡的恶性事故。所以，困极了就一定要睡。因为人有这样的生理特性，所以警方人员办案时常利用人的这个特性来审犯人。如果犯罪嫌疑人不坦白，就不让他睡觉，用强光或聚光灯长时间照着他，多人轮流讯问。很多犯罪嫌疑人因为无法忍受不能睡觉的痛苦就赶快招了。

因此，当培训师发现个别学员在课堂上睡觉的时候，不要急于维护课堂纪律而去唤醒他们，而是让他们睡几分钟，过一会儿他们会有更好的精神来参与培训。当然，只要他们不影响别人（如打呼噜等）。如果发现好几个人都在睡觉的时候，那你就应该知道，是时候课间休息了，并且要换个环境做一下课间操以重振精神。

学员在课堂上睡觉的原因，可能是熬夜造成的，但根本原因在于成人的生理特点——注意力。成年人注意力维持的时间比青少年缩短了一多半，青少年可以维持在 50 分钟左右，所以学校把每堂课设置为 45 分钟，而成人的注意力不足 20 分钟。美国心理学家做过有关注意力的实验，结果显示，成人高度集中注意力完成一件简单枯燥的任务，如字母打地鼠，只能维持 20 分钟不出错，之后就开始出错。即使早上大脑处于阿尔法状态（人在学习与思考时的最佳脑波状态）也差不多是这个时间。

此外，因为生活压力大，很多成年人特别是四五十岁的人，身体处于亚健康状态，经常性失眠，紧张焦虑，记忆力减退，容易疲劳，等等。还有更多的人把生活和工作中的烦心事儿一直在放心里，成为挥之不去的“心病”。这些都造成他们无法长时间集中注意力。培训师要设计好教学方法和途径，最好采用体验培训的方法和技术，因为对于成人来说，无论从节奏控制还是培训效果来看，体验培训都是最适合的。它讲求“做中学”，培训过程有动有静，有说有做，做累了就讲一会儿，讲烦了就做一会儿（活动），因此可以灵活地控制培训节奏。当然，无论讲什么，都不要超过 20 分钟。超过这个时间，大多数人就听不进去了。如果的确有很多要讲的东西怎么办呢？那就采用“浇花原则”和“要点分置原则”，一样可以达到目的。关于这两个原则在拙作《做最好的拓展培训师》一书中有详细论述。

第三个场合：判断学员在培训过程中与培训师交往的接受度。也就是从学员的肢体语言来发现对培训师的接受度。

地球在 38 亿年前出现生命之后，就一直遵循着达尔文的生物进化的自然法则“物竞天择，适者生存”。所以，在这个弱肉强食的世界里，每一个物种为了生存，为了不被吃掉，都小心翼翼、万分警觉地感知任何一个企图靠近自己的物种，一旦发现它们，就会立刻做出防范的动作，要么打，要么逃。这种强烈的防范意识一直保留到今天，因此我们可以看到，在今天的现实生活中人与人之间总是保持着一定的空间距离，尤其是陌生人之间，一般都会保持 2 ~ 3 米的空间距离，否则就会对他人构成威胁。这种现象在心理学上叫作“空间侵犯”，也叫“领地意识”。人和动物都有强烈的领地意识。人与人之间通过筑围墙、圈篱笆、立扇门等来确立边界。边界里边，属于我的领地，神圣不可侵犯；边界外边，和我无关。动物则通过气味等宣布领地边界。这种领地和边界意识，都是人和动物的本能驱使，是基因里带来的，既是生存的需要，也是安全的需要。

在培训前，培训师与学员就是陌生人，学员虽然知道彼此“非敌”的身份信息，但对方是好是坏还不能分辨清楚，这时就会本能地做出反应，预防他人的空间侵犯。心理学家认为，个体空间需求大体上可分为四种距离：亲密距离、个人距离、社交距离和公共距离。亲密距离一般在 0.45 米以内，发生在恋人之间或小家庭之内；个人距离一般在 0.45 ~ 1 米，发生在亲朋好友及熟人之间；社交距离一般在 1 ~ 3 米，发生在小型招待会或类似的场合；公共距离一般在 3 米以上，如走在大街上，逛公园，等等。

培训中学员与培训师的距离属于社交距离，特别是在培训初期，学员对培训师并不了解，因此他们会与培训师保持适当的社交距离。保持这个距离，说话听得见，表情看得清，这个实际发生的距离并不重要，重要的是心理上的距离。也就是说，学员对此次培训是否感兴趣？对培训师是否有好感？是否愿意接近培训师？弄清楚这些问题，对培训师来说非常重要。“知己知彼，百战不殆”，对这些问题越清楚，“打胜仗”的可能性越大，越能获得良好的培训效果。可是这个心理上的距离，是看不见也摸不着的，在培训初期几乎所有人的表情都是平静的。前面说过平静代表还没有受刺激，所以你要想知道学员的心理状态，知道这些问题的答案，刺激一下就好了，方法就是侵犯他们的空间（领地）。

方法非常简单，就是找机会迅速靠近学员，把社交距离变成个人距离（注意保持在 1 米之外，不能越过 0.45 米亲密距离的界限，否则效果适得其反）。如果学员对培训有兴趣，对培训师是接受的，那么这个距离引起他们的反应最多就是惊奇，他们心里会想：“是不是培训师找我有事呢？”如果学员对培训没有兴趣，对培训师是不接受的，那么他们的表情和肢体语言就会是防御性的。防御性肢体语言的显著特征一般是向后退，希望保持原有的社交距离，或者是身体转向 45 度，肩头和视线方向一致，侧身对准来人，头略低，双手握于胸前，目光警觉。

当你发现在靠近一些学员时，他们是这样一种反应，那么你就知道，他们心里还没有接受你，没有对你敞开心胸，此时你就必须想办法去改变了。用你的热情、坦诚，广博的知识、富有魅力的语言，促成学员的改变。如果你的努力是有效的，你就会发现，学员在一点一点地改变，防御性动作逐渐减少，允许你进入个人距离，面带微笑，甚至他们会主动“侵犯”你的领地，向你靠近，这是表示亲近和寻求友谊的积极信号，说明你采取的措施已然奏效。

此外，空间侵犯还有一个小作用，就是当学员在课堂上交头接耳、影响上课秩序时，你不用说话，而是径直走到他跟前，和他保持一个很近的距离，背手、探身，睁大眼睛看着他的脸，让他感到不舒适时，他自然会终止交谈。

第三十一节
“洗脑术”——也可以成为打造团队凝聚力的武器

一听到“洗脑”这个词，很多人认为它一定是坏的，是否定意义的，这种理解有失偏颇。“洗脑”就是把一套价值观念、思想体系或某些理论以一种方式反反复复地给你讲，最后达到改变你的观念、思维、思想、看法这样一个过程。“清洗”的过程，是洁净的过程，是更换的过程。站在思维的角度，“洗掉”不好的、陈旧的思想观念，更新认知，更新价值观念、思想观念，是有积极意义的。那么什么是“洗脑术”呢？简单讲，就是改变他人思想观念的技术、策略、方法。在这里我们可以理解为，“洗脑术”只是为影响和改变他人思想认识而专门设计的一套场景、动作和语言，是为了达到某种目的而使用的手段和工具，通俗的说法，就是“套路”。

既是工具，就有工具的属性，工具的属性之一是多用性。比如，核裂变可以生产电能，给人类生活带来便利，但也能制作成毁灭人类的原子弹；一把刀可以切菜，也可以成为作案的工具。工具没有好与坏之分，也没有道德与不道德之分，关键是看使用工具的人要做什么？想要达到的目的是什么？ 企图骗人钱财，可以用“套路”；教育他人积极向上，同样可以用“套路”。所以，先不要急着否定它，而是要发现它的作用、意义和优势，并应用到我们的拓展训练中。

拓展训练的中心目标是团队建设，目的是帮助我们的学员在各个方面进步和成长，让学员变得越来越好，让企业和组织因有效的团结协作产生高效率，获得更高的业绩和品牌价值。所以，如果我们能够运用“洗脑术”，让培训在最短的时间内发挥最大的效能，又何乐而不为呢?

“洗脑术”为什么可以影响和改变人的思想认识?它的心理学原理是什么?

高德曾任职于美国联邦调查局，之后创办了高德咨询公司，著有《洗脑术》一书。他在书中介绍，“洗脑术”起源于苏联心理学家、诺贝尔奖得主巴甫洛夫的一项“动物条件反射”实验。

这项实验以狗为实验对象，在实验中，给狗食物的时候摇铃铛，几次之后不再给狗食物，只摇铃铛，结果是即便没有食物只有铃声，狗也会分泌唾液。后来，将这个实验应用在人的身上。实验者让一个小男孩说出数字4，或心里默念这个数字，然后问他一些问题，答对一次就奖励给他最喜欢的蛋糕。几次下来，当问他8÷2等于几时，答案还没说出口，小男孩的口水已经先流出来了。这个实验说明，条件反射可以重构人的大脑。

高德结合自己在咨询领域里15年的经验和掌握的5万多份资料，以及参与的3000多次实验调查，做出总结：“洗脑术”可以在不施加外表可见暴行的条件下，根本性地改变一个人的思想，使之成为无法自控的“机器”。

“洗脑术”并不神秘。事实上，它早在7万年前人类具有了强大的语言表达能力之后就伴随着我们，并一步步地发展成为今天的一种人际互动方式。大到国家关系，小到企业管理、家庭关系维系，甚至是日常生活中人与人之间的相互作用关系，都有它的影子。可以说，任何一种对他人有目的施加影响的行为都可以叫“洗脑”。

“洗脑术”广泛应用于企业管理中，特别是在今天。当一个企业的老板生意做大，自己一个人做不了的时候，他就要雇人来帮他做。老板都希望雇来的人能够按照自己的想法和意志去工作，以实现自己的目标，可问题是每位雇员都有各自的想法和企图，难免与老板的意见不一致，这时老板就要用各种手段来管理他们，让他们的思想与行为紧紧跟随自己的目标。那么什么手段才能帮助老板做到这一点呢？自从泰勒以来，管理学家们贡献了太多的管理方法和手段，而“洗脑术”对当下组织来说，是成本最低的一种管理手段。如果老板用一个美好的愿景、一个感人的故事、一个坚定的信仰就能够让员工努力地工作，这难道不是最好的管理手段吗？

作为培训工作者，我们一定要知道这个道理。事实上，我们和企业老板的目标是一致的。接下来，我们了解一下“洗脑术”的过程、步骤和技术手段。

现实生活中，有很多成功运用“洗脑术”实现自己的目标的积极案例，最常见的就是广告宣传。我们发现，很多广告都是反反复复地播放几句广告词，给你的大脑植入一种新的理念、观念，最后你在不知不觉中接受了。从中我们可以发现一些共同的规律：首先，要有一个理想、一个心愿，就是特别想做成一件事的想法。有了这个明确的想法，接下来就是要一步一步地去实现它。那么“把大象关进冰箱需要几步？”要把一件事做成，需要的是科学严谨的态度，要一步一步地来，每一步都要精心设计。

第一步：挖掘需求。你要“洗脑”的对象没有这个需求，怎么办呢？第一，发现短板和不足，引发对方的不安。利用成功人士的榜样效应，让他意识到自己的不足，产生危机感。第二，激发欲望。有了危机感，进一步激发他也成为这种人的愿望：“我要能成为这样的人多好啊！”第三，我能帮助你。如何成为这样的人？我来帮你好了。那具体怎么做呢？我把我的方法告诉你。对方眼前一亮：“有了这个‘法宝’我就可以成为我希望的人了！”于是需求就出现了。这在现代营销学上叫作“创造需求”。

第二步：环境设计。环境设计尤为重要。第一，营造积极的氛围。人们在决策时会经常出现非理性的状况，但是从根本上来说，人是理性的动物。你要给他足够的思考时间，让他保持原有的判断力，同时要给他营造一个使大脑处于兴奋状态的情境，促使他迅速做出理性的决策。比如，爱心传递活动，大家一起做韵律操、唱歌，等等，营造一种积极向上的氛围，可以帮助他做出理性、正确的选择。第二，保持信息渠道单一。在这个过程中不能有第三方介入，因为这会影响被“洗脑”的人的判断。选择地点非常重要，要相对封闭，外人很难加入进来，周围都是“自己人”，大家嘴里说的始终都是一件事。我在培训过程中，经常和学员做这个小游戏：首先，让所有学员在心里默念10遍“老鼠”，再把“老鼠”两个字写在白板上。然后，请大家跟我一起念，我念一句，学员跟念一句，念完10遍后迅速提出问题让学员回答：“大家告诉我，猫怕什么？”几乎所有的人都回答：“老鼠。”什么原因呢？习惯成自然，重复的力量，也是环境的力量。第三，运用成功者效应。每个人都是独立的个体，都有自己独立的思考，当遇到事情的时候，都会根据自己的价值观来判断这件事的真伪和对错。当一些人对你施加影响并希望你能够按照他们推荐的方式去行动的时候，你也会思考一下，但是当你发现这个方式自己从未经历过，你需要求证。比如“跟我们干，坚持5年，你就可以成为百万富翁；坚持10年，你就可以成为亿万富翁。”那么坚持5年、10年之后，真的可以成为富翁吗？你根本无法确定，你需要成功的案例为你证明。于是，身边的“成功人士”登场，为你解释、分析、论证，对你的大脑进行全面“清洗”，为此你对这个事深信不疑，并充满希望。

第三步：促成改变。你可以采取“欲擒故纵”的策略，不要急着灌输你的思维、传授你的方法，等对方期待你的答案的时候，再给对方想要的，主动索取比被动接受效果要好得多。你还可以巧借团队的力量，“托儿”的作用不可忽视，同伴的“劝说”会有事半功倍的效果。最后是传递你的正能量，你是来帮助大家的，让大家有所收获是你的职责。

我们把上面过程中的关键节点抽取、提炼出来，就会清晰地看到一次“洗脑”的具体步骤。

当我们想实施一次以“团队建设”为主题的培训，按照这个步骤并使用其中一些有效的方法和手段，就可以获得良好的培训效果。

第一步：明确培训目的。培训的目的是什么？当然是按照培训需求，帮助企业打造团结高效、有凝聚力、有合作精神的团队，也就是通过学员的体验和培训师的讲授，让多数参加培训的学员都能够接受“只有在工作中与同事密切合作才能带给自己最大利益”这个道理。这也是我们培训师必须完成的任务。

第二步：选择目标。哪些学员更容易接受他人的观念，能够被“洗脑”呢？根据这些年的培训经验，我觉得新员工最容易接受他人的观念，也乐于在这样的场合接受团结、合作的观点；而老员工和中高层管理者相对保守，很难以灌输的方式让他们接受他人的观念。不管是新员工还是老员工，甚或中高层管理者，都希望自己所在的组织是和谐的，他们也愿意为这样的组织目标而做出努力，只是他们接受改变的方式不同而已。新员工对组织内部的人际关系缺乏了解，暂时还没有参与到组织内部的竞争与协作中，而后者清楚地知道团结配合、相互支持是应有的组织行为，由于种种原因他们自己很难做到，但是他们希望其他员工都能做到。因此，一个培训师在培训的时候，一定要先了解学员的平均年龄。如果年轻人居多，就多采用“洗脑”的方式；如果年轻人比较少，就安排更多的体验环节。总之，要区别对待。

第三步：激发需求。激发需求要分两步走。

（1）揭开“伤疤”。“伤疤”是什么呢？比如，你所在的团队，人际关系极不和谐，大家彼此拆台、相互戒备，看对方都似“乌眼鸡”一般；你所在的部门，有同事阳奉阴违、傲慢自大，当面说一套、背后做一套，损人利己。再如，组织里总有这样的人，不分场合地抱怨、牢骚的，爱打小报告邀功请赏的，等等。这些“小人”行径，在任何组织里都是存在的，只是对组织危害的程度不同而已，每个人多多少少都有

“受害人”的经历。揭开组织的这些“伤疤”，让人人感到“疼痛”，才可能接受你的“治疗”。

（2）打开愿景。团队的愿景是什么呢？托尔斯泰说：“幸福的家庭都是相似的，不幸的家庭各有各的不幸。”用这句话来形容一个群体、一个组织或一个部门，同样适用。团队中上面那些“伤疤”，造成了团队成员“受伤”的组织氛围，才有了团队各种各样的“不幸”。那么“幸福的团队”是什么样的呢？幸福的团队是和谐的团队，是高效的团队，是少内耗的团队。举个例子。假设一个部门共 7 个人，1 个部门经理和 6 个员工，每个员工都有能力胜任自己的岗位要求。按照目标设定，在规定的工作时间内，在没有任何意外干扰的情况下，每个员工使出十分力气来工作才能保质保量地完成任务，达成绩效目标；但是每个组织中都不可避免地会出现“不幸”的事件，这是瑞格尔曼的“拉绳实验”已经证明的事实。“不幸”事件发生，员工必然要分心来处理它，但人的时间和精力都是有限的，花时间和精力来处理“不幸”事件，自然就无法全身心地对待工作任务。假设某个员工陷入一个小的“不幸”事件，他的个人利益受到侵害，为了维护自己的权益，他必须要有所行动，他要从 10 分的精力中至少抽出 1 分来对付这件麻烦事，那么他投入在工作上的精力就只剩下 9 分了，其结果可能是低质量地完成任务或者无法完成任务。此时，连带着经理也要拿出 1 分（甚至更多）的精力来解决员工的问题。如果这个部门另外两名员工也陷入此类小事件，就有 3 名员工不能较好地完成任务，经理也会拿出更多的时间和精力来解决问题，这个部门的业绩可想而知。如果这个“不幸”事件性质更恶劣呢？如果陷入“不幸”事件的员工更多呢？经理基本上就焦头烂额了，也就无绩效可谈了。因此，没有内耗或较少内耗的团队，就是优质和高效的团队。相信每一个员工都希望自己所在的团队是一个相互信任、亲密和谐、团结互助的团队。

揭开了“伤疤”，重温了“不幸”，学员自然会对没有内耗、开心愉快的组织氛围产生强烈的向往，心中产生美好的愿景，这时追求积极健康组织氛围的需求就出现了。

第四步：营造积极健康的环境氛围。积极健康的组织氛围不是凭空就有的，而是组织内的所有人共同努力创造的，是组织齐心协力、共同奋斗，员工“正确行为”的结果。那么什么才是员工应有的正确行为呢？国家有道德规范、企业有价值观、员工有行为准则，按照这些规范、准则去做，就是员工的正确行为。

中华民族有悠久的文明，我们可以从先哲的智慧中汲取营养。“温、良、恭、俭、让”“仁、义、礼、智、信”，这是做人的行为准则，也是我们组织、团队的行为准则。如果做到了，团队就是当之无愧的优秀团队，员工就是当之无愧的优秀员工。赋予团队崇高的理想，为团队制造一个“梦工厂”，让团队和员工成为这崇高信仰的追求者。

与此同时，培训师也可以利用“环境布置”的手段，如文化宣传栏、宣传标牌，或者一些有仪式感的集体活动，等等，营造一种和谐向上的组织氛围。

第五步：运用技术手段。常用的技术手段有逻辑“洗脑”、印象催眠、说服技巧。

（1）逻辑“洗脑”。古希腊哲学家亚里士多德提出著名的逻辑三段论。它是一种简单的推理判断，包括大前提、小前提和结论三部分，是一种思维工具。有一个典型的例子。

所有的人都是要死的（大前提）

苏格拉底是人（小前提）

所以，苏格拉底是要死的（结论）

这个三段论的关键在于，结论要正确，而正确的结论必须建立在正确的前提之上。如果前提不正确或不严谨，推导出的结论就是错误的。有个故事说，亚里士多德的老师柏拉图，把“人”定义为“人就是无毛的两腿动物”，他的学生把一只鸡的毛全都拔掉，提着这只无毛鸡给柏拉图看，问他："老师，这就是你说的人吗？"柏拉图无言以对。为什么呢？前提不严谨。

我们说过，人常常做出非理性的决策，很重要的一个原因，就是常把关注点放在结论上，只要结果好，前提已经不重要了。这种逻辑判断有很大的欺骗性，给人以误导，这是培训师应该特别注意要避免的。比如，在我们生活中常会有这样的励志"名言"。

关于财富：只要我目标远大，方向正确并坚持不懈，就会挣到足够多的钱，成为大富豪。

关于成功：成功是人生的重要意义，只要我勤奋、努力，就会成为人人羡慕的成功人士。

这个结论是错误的吗？不是。因为有不少人就是这样达成了自己的目标，并且成为他人的榜样；可是认真审视一下，会发现这一观点的前提存在问题，不严谨、有漏洞。因为并不是你"目标远大，方向正确并坚持不懈"就一定能成为大富豪；自然，勤奋努力也不一定就成功。研究"洗脑术"的专家认为，要想控制一个人最好的方法，不是告诉他具体怎样去做，而是告诉他怎样去思考。这里要说的是，不要用错误的逻辑给你的学员"洗脑"，而要以正确的思维逻辑引导他们，完成积极的、正能量的团队建设。

（2）印象催眠。印象催眠就是我们前面讲过的"第一印象法则"，所不同的是，"第一印象法则"强调的是与学员接触时第一印象的重要性，印象催眠则是"洗脑术"的手段之一。这个手段的要求是，从对"被洗脑者"施加影响开始，一直到他思维认同，整个过程中要反复地施与最好的印象，不断加深其对此印象的良好感觉。运用到培训中，就是培训师给学员留下良好的第一印象，并在整个培训过程中不断强化这一良好印象，潜移默化中改变学员的认知观念，从而实现团队建设的目标。

（3）说服技巧。说服的技巧，也就是沟通的技巧。沟通是一门艺术，面对不同的人，需要说不同的话。话说得太多，听者容易烦；话说得太少，对方很难理解。那么有没有一种语言可以让大多数人都能够接受呢？心理学家研究发现，有一种表达方式是听众普遍能接受的，就是有韵律、节奏性较强的短语。比如："火车跑得快，全凭车头带""多下及时雨，少放马后炮""要想人前显贵，就得人后受罪"，等等，像这样有节奏、有韵律，富有哲理的短语是大众最容易接受的。培训师要掌握这个技巧，多多储备一些企业运营管理和团队协作的短语。下面这些短语对培训师可能有帮助。

一流企业定标准，二流企业做品牌，三流企业做产品。

小胜靠智，大胜靠德。

疑人不用，用人不疑。

有目标叫团队，没目标叫团伙。

人多力量大，众人拾柴火焰高。

上下同欲者胜。

一个篱笆三个桩，一个好汉三个帮。

团结一条心，石头变成金。

…………

第六步：注入信仰的力量，收获"奉献"的果实。"洗脑"的最高境界，就是让人心甘情愿地去"奉献"，奉献物质的、精神的，甚至是生命。那么如何做到呢？就是给其注入信仰的力量。没有信仰的组织是失败的组织，没有信仰的团队是失败的团队，即便是作坊式的小企业，也是如此。

每个人在自己的人生道路上，都不可避免地走过一段迷茫期，这时会问自己：工作的意义是什么？生活的意义是什么？生命的意义是什么？当一个人身处困惑、迷茫中，此时有人为他描绘了一个无比美好的未来，并引导他如何去奋斗、去追求，他会不顾一切，甚至舍生忘死地去做这件事，因为他发现"这不就是我想要的生活吗？这不就是我生命的意义吗？"这就是信仰产生的力量。在对学员的培训中，为团队注入信仰，使其成为有灵魂的团队，这是团队建设的终极目标。

这就是“洗脑术”的六个操作步骤，培训师要熟记在心，并把这六个步骤贯穿到自己的培训教案之中，发现问题并及时修止。通过你的反复“清洗”，去掉团队中各种负面情绪以及不正确的思想观念，导入“忠诚、团结、奋进”的正能量，由此打造出一支积极进取、忠诚高效，富有凝聚力的团队。

第三章

培训总结时的心理学技巧

第一节
峰终定律——成功的培训都是因为“最后一哆嗦”吗

首先回答这个问题：“是的。”一次培训能否获得理想的效果，培训总结这个阶段的精心设计以及培训师高水平的发挥将起到至关重要的作用。心理学家丹尼尔·卡尼曼用他的研究证明了这个答案。

丹尼尔·卡尼曼是美国普林斯顿大学尤金·希金斯学院心理学荣誉教授，也是当今世界上最有影响力的心理学家之一。在对人类的思考方面做出了无可比拟的贡献，他凭借着与阿莫斯·特维斯基对决策制定问题的开先河之研究，以心理学家的身份获得了2002年的诺贝尔经济学奖。

丹尼尔·卡尼曼在其经典心理学著作《思考，快与慢》中，记录了他的一项研究成果——峰终定律。这个定律是说，人们对一件事情的评价取决于该事件的峰值时刻（高潮时刻）与结束时刻带给自己的感受，这种评价会影响到他们下一步的决策。

丹尼尔·卡尼曼做了很多这方面的实验，其中一项是，他让被试将手浸入冰水中，让水没过手腕，冰水的水温让人感觉很疼，但可以忍受。被试被告知，这样的实验一共有三次。第一次，被试把手放入冰水中，坚持60秒后，实验主持人让他将手拿出来，休息一下开始第二次。第二次，被试将手浸入冰水中，持续了60秒，实验者什么也没说，而是打开一个阀门，让温水流入容器中。水温慢慢上升，被试的痛感略有缓解，这个过程持续了30秒，与第一次的时间加起来共90秒。第三次，是让被试自己来选择，即在前面两次实验中任选一次，然后重新做一次。结果，有 80% 的被试选择了第二次，即 90 秒的实验。因为尽管两次实验都有一个 60 秒的痛苦时间，但是第二次实验结束时疼痛减轻了，手不那么疼了，感觉要比 60 秒的好。

这个实验描述的心理现象在我们的现实生活中非常多，比如我们去电影院看电影，影片前面大部分马马虎虎，还过得去，但是结尾非常糟糕，烂透了，那么看完电影后，我们对这部电影的评价一定会很低。一对恋人在分手时打得一塌糊涂，那么最后他们对这一次恋爱经历的评价一定是糟糕透了，尽管恋爱的初期和中期也曾有过甜蜜的时刻，但因为结局很糟糕，他们就会认为，这段恋情特别失败，每每想起对方就恨得牙痒痒。

我们的培训是同样的道理。现代培训有一个完整的流程：从破冰和热身环节开始，到中间的实施环节，即团队的建立——学员去完成挑战任务——任务结束——培训师与学员互动，讨论、点评和分享，最后是培训总结。如果说前面阶段的培训学员感觉还满意的话，但在最后的培训总结上简单、匆忙，培训师准备不充分，引导不得当，没有把培训推向高潮，让学员的情绪热烈高涨，而是形成虎头蛇尾甚至是没有尾巴的局面，就会让学员感觉这次培训很失败。

在二十多年的培训生涯中，我深深地感觉到，培训总结的成功与否是学员评价整个培训的一个关键点，是整个培训流程中最重要的环节，因为它是点睛一笔。如果说整个培训过程像是奔腾的河水，起起伏伏，上下翻腾，那么学员对培训刺激引起的感觉也像河水一样，有高有低，时好时坏。因为个体的差异以及复杂变化的外部环境，所有的培训都不可能让每个学员高度满意，那么在培训结束，学员即将返程回家时，我们是让学员带着好的感觉还是差的感觉回家呢？相信所有的培训师都希望学员带着好的感觉回家。那么，怎样才可以让学员忘掉差的感觉，而只带着好的感觉回家呢？心理学可以帮助我们。

心理学研究发现，人的大脑在工作时耗费的能量非常大，虽然大脑的重量只占人体重量的 2%，但它工作时要消耗掉一个人 20% 的能量。比如，你在家里写了一天的演讲稿，尽管你没有任何体力劳动，也会感觉很疲惫。大脑也是“懒惰”的，如果没有外力的推动，它是能不工作就尽可能地不工作。了解了大脑的这个特点，我们就可以巧妙地利用大脑的“懒惰”设计一个优良的培训总结流程，让学员乖乖地服从你的调动。大脑很愿意休息，既然都给我安排好了任务，看上去也还有趣，为什么还要自己去思考、去消耗能量呢？因此，要想让学员的大脑“舒适”一些，培训师的大脑就必须运动起来，要认真地思考、缜密地设计，因为峰终定律告诉我们：培训总结这个环节太重要了，关系到学员对整个培训的评价。

第二节
心理学发现——多巴胺可以让你积极进取

每个人做事情都有一个目的，总结流程设计同样要有一个目的。在培训最后的总结流程我们想要达到的目的是，通过流程设计，让学员参与一系列活动之后，呈现出我们所期望的一种状态。

这种状态是什么呢？是开心快乐，还是积极进取？其实这两种状态都很好。前者活在当下，对现状满意，幸福、感恩；后者开拓创新，对明天充满向往、憧憬，去追求更美好的未来。

这两个目的都可以达成，但是究竟选择哪一个，并不是培训师说了算，而是要看我们的客户想要达到的目的是什么？

如果你站在一个企业老板的位置上，你最希望的员工的状态是什么样的呢？毫无疑问，当然是后者。因为如果企业的员工都活在当下，对生活满意，对工作满意，对工资收入也不在乎，企业就会失去激情和活力及创造力，这样满足现状的企业怎么会有战斗力去参与激烈的市场竞争呢？因此，企业老板组织员工参加拓展训练的目的，就是希望通过一次体验式培训，激发员工奋发的精神，使其焕发工作热情、增强信心，以积极进取的状态投入工作。

那么这个目的如何实现呢？心理学的临床研究有很多新的发现，可以帮助我们。

人的大脑中有一种神经递质，叫作多巴胺，它是 20 世纪 50 年代一位叫凯瑟琳·蒙塔古的医生在伦敦的一所医院实验室里发现的。多巴胺的作用是什么呢？当时的人们并没有发现。直到近些年，一位从事医学和生物学研究的美国学者丹尼尔·利伯曼，对这种神经递质进行了深入的研究，才发现多巴胺对于人类行为有着重要的影响。他把他的研究和发现写成了一本书，叫《贪婪的多巴胺》。

根据利伯曼的研究，多巴胺是一种单一分子的物质，由碳、氢、氧、氮四种原子构成，它决定了我们生活中的很多行为。利伯曼认为，多巴胺的分泌会让人产生快乐和兴奋的感觉，让人产生激情，但是这些感觉来自还没有获得某种事物或某种成功的时候，是在追求的过程中产生的。比如，当你喜欢上一个漂亮的女孩儿，你希望她能够成为你的终身伴侣，你开始追求她，并向往着和她在一起的美好时光。这种想法刺激了多巴胺的分泌，于是你就有了快乐和兴奋的感觉。一旦你真的和她在一起了，你们进入锅碗瓢盆的现实生活，并且有一些生活压力的时候，这种快乐和兴奋的感觉很快就消失了。之后你们之间不再那么亲密，甚至有一种陌生人的感觉。再比如，有些人从小家庭贫苦，长大后立志要挣到很多钱，一想到自己拥有很多钱的时候，多巴胺就开始大量分泌，他就感觉快乐、兴奋，浑身充满了力量和干劲儿；可一旦实现了这个目标，看着眼前一大堆钞票，再也没有了追逐时的那种兴奋和快乐。所以多巴胺是预期分子而不是快乐分子。

看到这里，可能很多人会问，既然刺激多巴胺分泌让人产生激情，但不会持久，那对我们还有什么意义呢？哲学家周国平先生对于生活意义是这样解答的，他说："生活本没有意义，但是人类追求生活意义的过程是有意义的。"因为人类在追求自己想要的（事物）过程中，会产生创造性，会让自己发生改变，其中积极的改变就是我们所需要的。

从人类进化的历史可以看到多巴胺的这种积极作用。科学家研究发现，人体内有一种物质叫作长型 DRD4 等位基因，这种物质在人体内越多，人体分泌多巴胺的能力就越强。人类学家说，智人是从东非大陆出现并走向全球的，当科学家对世界各地的智人进行了长型 DRD4 等位基因的含量测试之后，发现距离起源地东非大陆越远的智人，他们体内的长型 DRD4 等位基因就越多。也就是说，是更多的多巴胺让他们更有进取心，让他们更愿意探索，更愿意冒险，更愿意让自己去获得更多的东西，因此他们走得更远，并在各种险恶（严寒、酷暑）环境中生存下来。

利伯曼解释说："计算和规划来自中脑皮层回路，我们称之为多巴胺控制回路。为什么称之为控制回路呢？因为它的目的是管理欲望多巴胺不可控的冲动，将这种原始能量引向对我们有利的终点。此外，通过使用抽象的概念和前瞻性的策略，多巴胺控制回路使我们能够控制周围的世界并支配我们的环境。多巴胺控制回路能够让我们去制定一个更长远的规划，而不只是看到简单的当下，这就决定了我们人类的韧性。"

有一个实验证明了他的论断。实验者的做法是，降低老鼠头脑中的多巴胺分泌量，然后观察老鼠行为上会发生什么变化？实验的结果是，当把老鼠头脑中的多巴胺分泌量降低之后，老鼠的工作欲望大幅度降低，原来那种努力克服困难、不停地去寻找食物的劲头儿就没有了。这个实验有力地证明了多巴胺是决定一个人工作的欲望和动力的内驱物质。

既然多巴胺可以激发人的工作动力，激发人的进取心，使其更愿意冒险和探索，我们培训工作者就可以利用事件的刺激，让学员头脑中分泌出更多的多巴胺，使其产生快乐、兴奋的情绪，对未来充满信心和力量，从而激发学员的积极、正向的行为，对工作敢于开拓创新，对未来勇于追求探索。

第三节
框架效应——过关斩将，直达目标

既然培训总结如此重要，那么我们怎样才可以把这个环节设计得精彩有效呢？有一个工具可以帮助我们，就是心理学研究成果——框架效应。什么是框架效应呢？我们先看一个心理学实验。

参加实验的人（被试 N=150）被要求，在两笔生意中选择其中一笔来做。

情景一：一笔生意可以稳赚 800 美元；另一笔生意有 85% 的概率赚 1000 美元，但也有 15% 的概率可能分文不赚。

情景二：一笔生意稳赔 800 美元；另一笔生意有 85% 的概率可能赔 1000 美元，但相应地也有 15% 的概率可能不赔钱。

结果表明：在第一种情景下，84% 的人选择“稳赚 800 美元”这笔生意；在第二种情景下，87% 的人选择“有 85% 的概率可能赔 1000 美元，但相应地也有 15% 的概率可能不赔钱”的那笔生意。

这个结果说明了什么呢？说明了框架效应的作用。

第一个情景是实验者把你引导到“规避风险”的框架里，第二个情景是实验者把你引导到“敢于冒风险”的框架里。因此，框架不一样，人们的选择也不一样。

如果数字游戏有点“烧脑”，那我们看一个趣味小故事，也许对框架效应的理解就更加透彻了。

有个一毛不拔的“铁公鸡”不小心掉进河里，一个见义勇为的好心人跑过来趴在岸边大声地喊："快把手给我，我把你拉上来！"可是这个吝啬鬼犹豫着不肯伸出自己的手。好心人开始很纳闷，后来突然醒悟过来，就冲着快要下沉的吝啬鬼大喊："我把手给你，你快抓住我！"这吝啬鬼一下就抓住了这个好心人的手。好心人后来为什么成功了呢？因为他精准地把握了吝啬鬼连手都不愿意"伸"出来的守财奴个性。

心理学上把这种由于"不一样的表达导致不一样结果"的现象称为框架效应。它告诉我们在人际沟通中，关键不在于"说什么"，而在于"怎样说"。

了解了心理学上的这些研究成果，我们就知道，要想成功地完成一次培训，培训总结不可或缺，而且最重要的是，必须要科学、巧妙地设计出引导良好结果的框架，并不折不扣地实施。

怎样来设计这个框架呢？

首先，设计一个大框架，一个纲举目张的总框架。这个总框架导引的目标就是人生理想的境界——积极进取。这个目标包含了培训过程中产生的所有美好的感觉，这些美好的感觉最终汇聚成积极进取的力量。

其次，设计若干个在培训中能够构成幸福感的小框架。小框架引导的内容有正能量、收获、感恩、开心快乐、鼓励鞭策与展望未来。

小框架一：正能量。引导语："按照课程设计，到现在我们所有的体验和学习环节都已经完成了，接下来是培训总结的环节。首先，我们要做一个小团队的内部分享，就是每个小团队的成员把自己在此次培训中的细节都认真地回想一下，看看我们都有哪些收获，哪些心得体会？这些收获和体会在现实工作和生活中的积极意义是什么？哪些情景让我们印象深刻，哪些场景让我们为之感动？"

这个框架的引导语框住了什么？你只能说好的，不能说坏的；只能表达正能量，不能表达负能量；只能谈收获，不能说问题。如果你不懂得框架效应，你可能会做出错误的引导，就像我们很多谦逊的老师一样，他们在做总结时总喜欢这样表达："我们还有很多不足，做得还不够，希望大家给我们指出来，帮助我们进步。"这样的表达有问题吗？没有，因为虚心使人进步。这个框架的作用是什么？就是引导学员回想在培训过程中出现的问题，或令人不快的现象，或感觉不舒服的事情，甚至是一些安全的隐患、不得体的行为。大家想想，如果此时学员在你的引导下想起了不愉快的事情，并且在发言中指出了这些问题，会是什么结果？就会让大家感觉正能量下降了，幸福感打折了。如果是客户公司的领导听到这些，他会感觉这个培训并不完美，还有很多漏洞，有的问题听上去还很严重，于是他会问自己："难道选择这家培训机构是错误的吗？"问题可以指出来，但最好不要在培训结束的时刻，这个时候需要给学员传达正能量。

小框架二：收获。引导语："我们每个团队先进行内部分享，各个队员谈谈自己这次培训的收获和体会。在分享之前要选择一位发言人，把每个队员分享的收获和体会进行总结和归纳，形成团队的共识，并代表自己的团队上台和其他团队进行交流。发言人不一定要口齿伶俐，只要思路清晰、表达流畅就可以。"根据我以往的经验，学员分享的内容主要有：团队合作产生难以想象的力量；主动的沟通、交流可以增进了解，避免误解；积极阳光的心态让人变得乐观、坚强；良好的心理素质可以提高人的抗压能力；团队中需要牺牲和奉献精神；意识到时间管理的重要性；对同事的了解更深了，增进了友谊，加深了情感；学会了感恩；等等。这个框架引导的是，每个团队都要有一个精彩的发言，这个发言凝聚了团队的智慧，是团队的收获和成果，因此，各个队员要讲出自己最深刻的感悟。在这个过程中，学员必然会积极提供有意义的素材，认真分享自己的经验体会。分享的好处是相互提醒、相互启发。每个人的工作环境和生活经历不同，对一件事情的理解也会不同，当一件事情发生时，大家会从不同的侧面、不同的角度去理解，所以大家的感悟与收获也都不一样。当一个队员把自己的感悟讲出来，会拓展其他队员的灵感和思路，让很多人得到启发。大家相互提示、相互启发，从而让团队所有人都能牢牢记住培训过程中那些美好的、令人感动的瞬间。

小框架三：感恩。引导语："听了各位代表的发言，发现大家有非常多的收获和感悟，并且大家也表示，要把这些收获和感悟用到自己今后的工作和生活中。作为一名培训师，我感到非常欣慰和骄傲，同时也会有一点点的担心。明天大家就要回到工作岗位，回到原有的环境，又恢复了常态，所以我们现在要做一件事，将我们现在的状态保持下去。分配给大家一个任务，我们每个人给自己写一封信，信的内容分两个部分：回忆过去和展望明天。为什么要做这样的事？我们生活在一个高压力和快节奏的社会里，每天都有做不完的事儿，让我们没有反思总结的时间，然而我们都知道，人在前进的道路上，如果没有对前一阶段经验教训的总结，以及对下一步的精心规划，我们成长进步的速度是很慢的，有时候还会走弯路、栽跟头。所以我们今天就专门拿出一块时间，让大家补上这一课。思考一下，从走出校门、进入职场，我们是怎样一路走到今天？在这个路途上，哪些人给了我们爱、鼓励和鞭策？当我们遇到坎坷、困难，是谁站到你身边，支持你、帮助你跨过阻碍，甚至在你最无助的时候，是谁伸出无私的手，把你拽出泥潭？把这些事、这些人以给自己写信的形式记录下来。这些人是谁？他们或是你的父母，或是你的亲朋好友，或是你单位里的某一个领导，可是你有没有真诚地对他们说一声'谢谢'，并常怀感恩之心呢？如果没有，在返程的路上，拿出你的手机，你可以随时补上这一课。"

"此次培训带给我们兴奋和感动，同时让我们转变了观念、收获了知识，这些都是我们前行的加速剂，从明天开始，我们要把它们用在我们的工作上，有一个新的面貌、新的开始。做任何事情，都需要有目标、有计划，然后付诸行动。我们制订了一个'三个三行动计划'，就是要求大家，在三个月的时间里做三件促进家庭和谐的事，做三件提升工作业绩的（创新）事。事无论大小，但一定要符合目标制定的灵活性原则。请大家把这六件准备要做的事清清楚楚地写在给自己的这封信上，一定要记住，事情要具体并且可以实现。写好后，在信封上写上你的邮寄地址，然后交给我，我会在三个月之后把信寄还给你，收到后你们打开来看一看，是否兑现了曾经对自己的承诺。”

这个小框架框住了什么？引导大家做一个懂得感恩的人，做一个寻求改变、不断创新、天天向上的人。

小框架四：开心快乐。这个小框架导引的是快乐，把学员快乐的情绪推向高潮。这个过程是通过一段精心设计的PPT幻灯片来实现的，我们叫它训练过程的“精彩回放”。在整个培训过程中，专业的摄影师会有意识地把学员在训练中各种各样夸张的表情、动作拍下来，然后挑出若干张最有特点（特写镜头）的照片，经过剪裁，编辑成二人对话的形式，并且配上幽默的画外音，在分享完成后，播放给大家看。

> （灯光转暗，音乐悄声响起）引导语：“时光总是匆匆忙忙，如白驹过隙，一转眼，这两天的培训就接近了尾声，不知道大家是否还能回忆起培训中经历的每一个令人感动的瞬间：每一次的拼搏、每一次的协作、每一次的欢笑……如果有些淡忘了，那就让我们来一次倒带回放。回忆过往，每一次都会有一种不同的感觉，而珍藏回忆，会让我们的生活更充实，更美好！接下来，就让我们一起来欣赏由我公司XX老师兼导演、兼制片、兼摄影、兼剪辑、兼配乐以及在座所有人为主要演员的最新震撼大片《XX有我更精彩》（XX为参训公司的名字）……”

幻灯片片长一般15~18分钟为宜，35张幻灯片左右。检验幻灯片质量的标准，就是学员在观看幻灯片时发出的笑声。

通常在观看幻灯片的时候，教室里充满了学员的欢声笑语，学员脸上浮现出开心、愉快、满足的笑容。这里提醒培训师要注意的是，让学员观看幻灯片不同于平日看电影，幻灯片放映完毕，千万不要戛然而止，而是要追加一个“拔高”环节，就是给幻灯片一个意义。

引导语：“体验培训给大家创造了一个在自然和快乐中学习的课堂，在这一次培训中，我们不仅收获了知识和技能，也收获了很多的快乐。记得有一句经典台词：‘每项工作中都蕴藏着乐趣，一旦找到其中的乐趣，你就会发现，工作其实就是游戏。’所以，衷心地希望，明天大家回到自己的工作岗位上，也要像今天一样，以乐观的态度，带着灿烂的笑容，以及游戏中不胜不归的决心，对待工作上的每一个困难和挑战！”

小框架五：鼓励鞭策。引导语：“在整个培训的过程中，有一位深沉、睿智的先生 / 女士，始终陪伴在我们身边，和我们同甘共苦，并肩战斗，他 / 她是谁呢？对，就是我们公司的总经理。现在让我们以最热烈的掌声欢迎这位给我们创造了培训机会，并和我们一同战斗的 x 总，分享他 / 她的收获和感悟！”

此时，面对着兴奋和激动的员工，总经理能说什么呢？听了这么多总经理的总结发言，他们的发言内容大致体现在三个方面：一是“没想到”，就是没有想到他的员工竟然还会有这样优秀的表现；二是希望员工把培训中焕发出来的精气神儿和干劲儿，用到他们每个人的工作上，创造更高的业绩；三是激励，对员工做出承诺，对其优异表现给予某种奖励。

这个小框架是引导总经理们给予员工更多的赞美、表扬。很多总经理一激动，就会承诺给员工一些平时不敢承诺的物质激励。不管是精神上的还是物质上的激励，都是员工在平时的工作岗位上很难得到的，因此他们会感到意外、惊喜，感受到公司领导的关心关爱，心里会暖暖的。还记得管理学上著名的霍桑工厂的照明实验吗？厂房里的光线变化不重要，重要的是有人在关心、关注着你。

小框架六：展望未来。通过一个启发性的哲理小故事，如《老驴和老马的故事》，让学员深刻地意识到人生最重要的是生活的目标，因此要树立自己的目标，并且全力以赴地去工作，为自己的公司创造价值。当公司发展壮大了，实力增强了，个人的目标也会在这个平台上实现。

培训总结的整个过程，看似随心所欲，但都是精心设计出来的。按照严谨的逻辑一环扣一环地展开来，此时培训师就像黑暗中的一支火把，照亮了学员前进的路。火把照到哪里，学员就跟到哪里。在这一路上，学员将正能量、收获、感恩、开心快乐、鼓励鞭策、展望未来一一收入囊中，即将离开时，所有的收获必定汇聚成一个词——幸福感。于是在欢送他们时我们会看到，幸福感洋溢在每个学员的脸上，闪烁在他们的眼睛里，也将长久地驻留在他们心中。

按照峰终定律，学员对这一次培训的评价一定会赞誉有加，原因就在于这“最后一哆嗦”——成功的培训总结。当然，每一次培训特别是中等以上规模的培训，总会出现各种小问题，造成学员心中一些阴影、不快，甚至稍许的反感，但是这些负面的东西引起学员不舒服的感觉都被设计好的总结流程冲洗掉了，他们没有机会去回想那些令自己不快的事情，这就是框架效应在培训总结中的重要作用。让良好的感觉不断重复、累积、发酵，并通过层叠效应的作用，形成强大的主旋律，让培训总结充斥着满满的正能量。此外，学员对培训的高度满意也必将影响到该公司管理层对培训的评价，当总经理听到员工在培训总结时发自肺腑的感言，看到员工发言时奋发激昂、气概豪迈的精神风貌，他会感觉这次培训是值得的，达到了目的，实现了目标，于是大脑中开始思考下一次的培训。

所以，毫不夸张地说，一次成功的培训多半在于一个漂亮的培训总结。

第四章

你一定会成为高水平的培训师

第一节
波莉安娜效应——不幸的开头也会有“幸福”的结局

中国户外体验培训的市场在经历了20多年的旺盛需求之后，2020年初始，给“市场繁荣”按下了暂停键。新冠疫情给服务行业带来了沉重打击，特别是我们这种锦上添花的团队“保健产品”供应商，几乎都关门歇业了。什么时候可以重启？什么时候再度繁荣兴旺？这个行业陷入焦虑中。

生活就像大海行船，起起伏伏，时而在浪峰，时而在波底。面对困境，大家都会思考：是另寻他途，还是坚持到底？

在困境中如何保持乐观向上的情绪，不妨学习一下波莉安娜效应，仿效小姑娘波莉安娜，做一个让别人也让自己快乐的人。

什么是波莉安娜效应呢？心理学研究发现，在潜意识层面，人脑会倾向于关注乐观向上的信息，在意识层面却倾向于关注消极的信息。这种潜意识里偏向于积极乐观的现象，我们称之为波莉安娜效应。这一概念是1978年美国心理学家玛格丽特·马特林和大卫·斯唐根据《波莉安娜》一书中那个积极乐观，并且以乐观精神感染着身边每一个人的阳光小天使——一位名叫“波莉安娜”的小姑娘的形象而提出的。

这本书几乎是在一夜之间畅销全美，它不仅影响了美国民众的生活，它也影响了世界各国民众的生活（因为它几乎翻译成各种文字的版本）。

为什么这部书会受到全世界人民的欢迎和喜爱呢？因为它带来的不只是波莉安娜这个小姑娘的故事，更重要的是它向我们展示了一种积极乐观的人生态度。正像作者所说："我从不否认自己所经历的挫折和灾难，我只是不气馁，我想比起那些未知的不幸，这些肯定好得多！"如果说小说的成功是因为宣扬了积极乐观的精神，快乐可以战胜挫折，那为什么快乐可以成功呢？心理学家认为："在潜意识层面，人脑会倾向于关注乐观向上的信息，而在意识层面我们倾向于关注消极的信息。"

"意识"和"潜意识"是两个重要的心理学概念。意识是人类特有的功能，简单地说，就是人类有独立的思想和意志，知道自己要做什么，并根据自己思考的结果去行动。人类拥有意识能力大约是从几十万年前开始的，在此之前，人类是受潜意识的支配。

什么是潜意识呢？精神分析学派的创始人弗洛伊德认为，潜意识是指人类心理活动中不能认知或没有认知到的部分，是人们"已经发生但并未达到意识状态的心理活动过程"。比如，你决定减肥，可见到美食控制不住地想吃，那么减肥是意识，想吃是潜意识。再如，你见到了自己喜欢的女孩儿，你想向她表白，可又担心自己配不上她，表白是意识，感觉配不上她是潜意识。

意识和潜意识是如何主导我们的行为呢？意识是从潜意识分化而来的，潜意识是意识的源泉，它是我们赖以生存的根基。尽管你觉察不到，但每个人都是意识与潜意识协调作用的统一体。不要以为潜意识比意识低级，事实上潜意识是一个人内在的、更深刻的自我，它包含着数百万年来人的智慧。大家想一下，蜜蜂没有意识，可它天生就知道去哪儿采蜜，怎样筑巢。动物先天的本能就能让它知道做什么和怎样做。有人利用潜意识功能甚至可以预知危险从而避开危险，心理学家称之为第六感。

人类的潜意识中包含着惊人的潜力，具有强大的功能。弗洛伊德通过他自创的"冰山理论"（见图 4–1）说明了意识和潜意识之间的差别。他认为，人的精神活动是意识和潜意识都在发挥作用，但两者之间有很大的差别。就像一座冰山，在水面之上的部分是意识，只占 10%；在水面之下的部分是潜意识，占到了 90%。因此，潜意识庞大而丰富，尽管你可能觉察不到，但它的确在发挥着难以想象的重要作用，特别是在创造性方面。

图 4-1　冰山理论

我们都知道什么叫“灵感”，灵感就是应意识的请求，从潜意识中涌现的创造性思想。它突如其来，毫无逻辑，突破理性。2000 多年前，古希腊科学家阿基米德（见图 4-2）接受了国王交给他的一个任务，区分王冠的真假。这是一个难题，他苦思冥想了很久，也没有找到解决办法。有一天，他在家中准备洗澡，一边准备，一边还在思考这个问题，当他脱下衣服坐到浴盆里的时候，灵感突然呈现，他意识到了解决难题的办法。他激动地从浴缸里跳出来，大声喊“我知道了！我知道了！”这个办法就是后来被誉为阿基米德定律（浮力定律）的科学发现。

图 4-2　阿基米德

从阿基米德的故事中，我们可以看出潜意识在我们的生活中发挥的重要作用。

20世纪最有成就的心理学家之一卡尔·荣格说："你的潜意识指引着你的人生，而你称其为命运，当潜意识呈现出来，你的命运就被改写了。"

回到前面的话题，如果我们要做一个快乐的人，有一个积极乐观的心态，潜意识的作用非常重要，那么如何才能开发我们的潜意识呢？

看两个小故事。

故事一：弗洛伊德讲了一个笑话。在一次会议的开幕式上，主持人致辞："先生们，会议应到的代表符合法定人数，我宣布，闭会。"会场上人们哄堂大笑。

故事二：集团公司召开股东大会，开幕式上董事长气宇轩昂地站在主席台上，对台下的众位代表说："与会人员全部到齐，上菜！"坐在台下的代表目瞪口呆。

为什么会闹出这样的笑话来呢？

原来人的潜意识有一个无限储蓄记忆的功能，人生几乎所有有意无意经历的事情都会被潜意识留存。当一个人对一件事投入很多，并反复地做，这件事的积累就越来越多，储蓄的记忆被不断地强化，潜意识对这件事就会印象深刻，并会自然提取。比如，当一个人下功夫学会了游泳，即使多年没有游泳，下到水里照样会游泳，就是因为当年在学习这项技能的时候投入了很多，因而形成了自然的反应，根本不用去想应该怎样做，很自然地就做出来了。

所以弗洛伊德认为，这位主持人对会议不感兴趣，想早点脱身，因此才出现这样的口误。那位董事长也是因为平时"饭局"过多，说习惯了的话，就随口而出了。

按照潜意识的特性，要想快乐地生活和工作，就要时刻有意识地给潜意识输入快乐的信息。你要告诉自己，我是一个快乐的人，我每天做着快乐的事，我不但让自己快乐，还要努力地让身边的人快乐。需要强调的是，要坚持不懈地输入快乐信息，反复地输入、频次较高地输入，就像做广告一样，天天让产品出现在大众眼前。同时，在输入快乐信息时，还要特别注意有意识地屏蔽负面信息的侵入，就像电脑对病毒的防火墙，形成条件反射，只要有负能量的事物出现立刻把它们阻挡在外。就这样长期坚持做下去，就可以时刻保持乐观积极的人生态度，无论生活中遇到什么样的困难险阻，潜意识反映出来的永远都是积极乐观的应对方法。请相信，当你给他人带来快乐的同时，你的难题也会有人来帮助你解决，就像波莉安娜小姑娘遭遇到不幸时，那些被她的快乐感染的邻居们也会帮助她一样。心理学家发现，当你在安慰一个难过哭泣的人时，轻轻地拍拍他/她的背，这样一个简单的动作，不但会让这个哭泣的人感觉心里的痛苦减轻了很多，令人惊奇的是，自己的心情也会好很多。

这个“无限储蓄功能”对于培训师的学习成长也会有很大的帮助。我们知道大脑有个前额叶是负责学习的，当我们在生活中发现从未见过的事物时，前额叶就会发挥作用。比如，当你要记住某一个理论时，就需要调动前额叶来理解它。当你理解之后，你需要记住它，但前额叶没有这个功能，于是就把这些需要记忆的内容送到潜意识里，前额叶就可以腾出更多空间学习新的知识。

这个功能很重要，因为人每天要做很多的例行工作，如早上起床穿衣、洗脸、刷牙，如果这些事情都要前额叶发挥作用，即每个动作都应该思考“怎样做”的话，人会很累。所以，只有把这些内容放到潜意识里，那些起床之后的各种动作不再需要动脑，潜意识都已经帮你做了，人的大脑才会有更多的空间学习新的知识。

拓展培训师们，如果你每天醒来，意识让你感到生活的无助，你也要知道，自己还有一个巨大的潜意识的宝库。打开这扇门，就可以汲取让自己更优秀的强大力量。

第二节
大脑研究——卡尼曼在大脑里发现了什么

在我们拓展训练的队伍中，有一部分培训师学历不高，知识水平有限，这对从事教育工作的人来说，不能不说是一大缺憾、一个短板。其实学历低并不能证明他们就一定做不好这份工作，只要他们态度端正，认真学习，刻苦钻研，并不断地总结经验教训，就可以胜任培训师这个岗位并提供让客户满意的培训。此观点是有根据的。神经解剖和生理学家告诉我们，人脑的神经细胞有 120 亿 ~140 亿个，而每小时衰亡的神经细胞只不过 1000~1200 个，所以一个人即使活到 100 岁，也不过损失约 10 亿个脑细胞，90% 的脑细胞依然能正常工作。科学家曾对人脑接受知识的能力做过预测，结果是人脑掌握知识的容量相当于目前全世界图书馆藏书的信息总量。因此人脑的潜力巨大，这是实现上述目标的生理学基础。

然而，相当一部分培训师并没有看到这些，或是不相信，他们更愿意学习和掌握一些简单的游戏项目的操作，而不愿意去学习培训所必需的理论知识，特别是企业运营和管理知识，因为这需要花费更多的时间，对他们来说，也有一些难度。这种认知是错误的。众所周知，拓展训练产品由活动体验和分享讲授两部分构成，二者不可偏废，尤其是活动体验之后的分享和讲授，可以说是拓展训练成败的关键。在团队训练中，如果培训师只会带领学员做游戏、做项目，那么他所做的事情就是重复性的、技能性的体育运动或说体力劳动。学员的感觉是什么呢？他会认为“不就是锻炼身体吗，还需要什么培训师？”一个优秀的培训师，不但可以带领学员做好体验活动，更有能力对学员活动体验的结果做出正确的分析、总结、判断，提升学员团队意识，打造团队精神，提高团队的协同力、战斗力。比如，当团队顺利地完成了情景模拟的任务，培训师要能够指出他们在思维、行为上还需要改进的地方；如果团队没有完成任务，你也要敏锐地发现团队的问题，找到问题的根源，并提出正确的意见或解决问题的方法。因此，要想做一个称职的拓展培训师，就一定要学习管理学、心理学、社会学等学科的知识，同时还要特别关注企业管理方面的最新研究成果，收集典型企业成功和失败的案例，与时俱进、不断更新。有了这样的知识储备，再加上培训的专业技巧，如演讲、PPT 制作等，才能担负起帮助企业和组织成长进步的责任。当你能够做到这些的时候，学员的感觉就不一样了，他们对你这个培训师有了新的认识，对拓展训练有了新的认识。由此，拓展训练才能发挥它应有的作用，这也是拓展培训师的价值所在。

要想做一名优秀的拓展培训师，就要付出辛苦。面对大量的知识和技能的学习，一部分年轻培训师望而生畏，质疑自己的能力能否胜任这份工作。其实这些担心实属多虑。心理学家丹尼尔·卡尼曼的研究证明：只要你愿意，你就一定可以成为优秀的拓展培训师。

卡尼曼在他的著作《思考，快与慢》中，除了峰终定律外，还有一项重大的发现。他认为，在我们的大脑中有两个思考系统，他将这两个思考系统命名为“快思考”（我们称之为系统 1）和“慢思考”（我们称之为系统 2）。系统 1 就像大脑的自动反应模式，会根据以往的生活经验总结出无数下意识反应的“套路”，使生活简化，让我们不必每天早上醒来都思考一遍如何穿衣服、刷牙、洗脸等。系统 1 把生活中的很多事情都变成可一键执行的自动程序，节省了日常生活对我们的脑力损耗。系统 1 也能够察觉一些简单的关系，比如，“这两个杯子外形是一样的”“哥哥比弟弟高一点”，但是它无法处理多个独立问题；它可以快速反应 2+7=9，但是当遇到 27×56 这类复杂问题的时候，就会立刻犯蒙，无法给出答案。所有令它犯蒙的事，都会移交给系统 2 来处理。系统 2 接到系统 1 的求助后，就将大脑的注意力分配到系统 1 遇到的难题上，集中精力处理这些问题。值得注意的是，系统 2 的所有运作都需要集中注意力，一旦注意力分散，运作也会随之中断。就像你在散步的时候，可以天马行空地随便想一些事情，但如果此时有人请你解决一个复杂的问题，比如，你接到领导的电话，他问你："明天的谈判，你准备的怎样了？"或是"明天大会的演讲，你打算怎么去讲？"那么此时你就会发现，你在思考这个问题的时候自己的脚步不自主地慢下来，甚至是停下来。因为人的注意力是有限的，系统 2 会将注意力优先使用在当前遇到的难题之上。同样的道理，假如你换成奔跑的速度，你也会发现，因为需要更快辨别眼前转换的景物，你就无法集中精力思考问题。系统 2 精细、谨慎，具有推理能力，它也可以处理多重任务，这就决定了通过系统 2 运作得出的结论往往更可靠。

如前所述，当某类复杂问题令系统 1 犯蒙，违反了系统 1 熟悉的运作模式，系统 2 就会被激活。这就告诉我们：系统 2 是非常懒惰的，它通常不会主动干预系统 1 的工作，除非系统 1 发出求助信号。系统 1 是全天候 24 小时在线，且无法关闭，这就决定了在处理事情的时候总是系统 1 先出面，而不能绕过系统 1 直接由系统 2 出面解决。因此，当系统 1 认为自己可以处理问题并给出答案时，就没有系统 2 什么事了，这种配合模式使它们的协作非常高效，能花最少力气解决问题的绝不多费一丁点儿脑力。系统 1 善于完成自己的本职工作，它在熟悉的情境中采用的"套路"是精确的，所做出的短期预测是准确的，遇到挑战时迅速做出的第一反应也是恰当的，但是它也会因经验主义而时常犯错。系统 2 负责抑制系统 1 因直觉反应产生的冲动，但它通常的做法是不加验证就同意系统 1 的解决方案。根据心理学家的多项实验证明，当系统 2 在忙着处理某些难题时，系统 1 更容易把控人的行为。这就导致我们做出的很多决策其实都是依赖系统 1 的直觉反应，而不是经过系统 2 的理性分析，对于这一点，我们甚至一无所知。

这个研究很有说服力，它告诉我们，如果我们想把一个工作任务做到不出错，就要把系统 2 的工作变成系统 1 的工作，也就是要不停地思考和练习，把一些复杂的、过去需要系统 2 完成的工作任务变成系统 1 要完成的任务。比如，27×56，过去你是要把这个问题交给系统 2 来完成的，由于你每时每刻都在完成这个任务，1512（27×56=1512）这个结果在你的大脑中一遍一遍地重复，重复到系统 1 根本不需要系统 2 的帮助就可以轻松地呈现出这个结果，那么系统 2 就不用出来工作，因为系统 1 已经可以完成这个任务了。

这个研究成果在我们的工作实践中也可以得到印证。拓展训练在热身阶段，一些重要的理论、事项等需要讲授给学员，实施阶段各个项目的操作和分享，以及培训结束的总结分享，虽然做了教案、课件等精心的准备，但是能够流畅、逻辑清晰地讲下来也不是件容易的事，培训师在经历几百场热身之后才能做到的。一些老资历的培训师，培训前不用做太长时间的准备，只要张口说话，就可以把要讲述的内容完整地表述出来，这就是过去需要交给大脑系统 2 的工作，由于培训师多年的磨炼，已经将复杂问题变成简单问题了，现在交给大脑的系统 1 就可以轻松解决了。

如果你想成为一名优秀的培训师，照这样去做。你真的下了功夫，几十场训练下来你就可以做到了。

第三节
智慧成长——肌肉可以练发达，脑子可以吗

中国民间有句俗语，叫作“要想人前显贵，就得人后受罪”。意思是说，你要想成为一个让人称颂、仰慕的人，那你就要在没有人看到的地方流血流汗，刻苦地修炼。尽管我们知道每个人的大脑结构基本上是相同的，有深似马利亚纳海沟一样的潜意识，有双系统配合工作的思考机制，但是要想成为培训行业里一流的培训师，你还要下苦功夫才行。不用担心，大脑和肌肉一样，是可以通过训练而变发达的。

近几年，有两本书备受职场人士推崇，分别是《异类》和《刻意练习》。这两本书讲述的是同一件事情，就是如果一个人要想成为某一领域的高手，就必须要付出比常人多得多的练习时间。《异类》的作者是被誉为“21 世纪的彼得·德鲁克”的美国《纽约客》杂志专职作家马尔科姆·格拉德威尔，他在书中明确规定了练习的时间。他指出，要想成为某个领域的专家，至少需要 1 万个小时。按年计算：如果每天工作 8 个小时，一周工作 5 天，那么成为一个领域的专家至少需要 5 年。他强调：“人们眼中的天才之所以卓越非凡，并非天资超人一等，而是持续不断地努力的结果。1 万个小时的锤炼是任何人从平凡人变成世界级大师的必要条件。”他将此称为“一万小时定律”。

格拉德威尔不是单纯意义上的成功学的“鼓吹者”，而是脚踏实地的研究者，他以科学为根据，为人们阐释了走向成功的方法、步骤。在“成就”的生理学基础上，科学家发现，有一种影响人的能力强弱的物

质，叫髓鞘质。髓鞘质是一种包覆于生物神经纤维外的绝缘脂质。髓鞘发展的过程，叫髓鞘化，它使神经兴奋在沿神经纤维传导时速度加快，并保证其定向传导。髓鞘化是形成记忆的一种方式，能增强细胞组织间的连接。“轻车熟路”“熟能生巧”等就是髓鞘化的结果。

髓鞘质的生长机理有三个方面的特征：一是髓鞘质的生长有利于所有类型的技能，包括智力型技能和体力型技能。二是精深练习对髓鞘质的生长最有效，即提供充分的犯错机会，不断地通过犯错、纠错（关注、反馈）才能刺激髓鞘质的生长。三是髓鞘质与肌肉的成长机理相似。努力提起勉强可以提起的东西，肌肉会越来越强壮；在精深练习时，努力完成那些勉强可以完成的事情，技能就会越来越高，比如动作更敏捷，准确度更高。

髓鞘质有两个重要功能：一是提高信号传递的速度。与无髓鞘质的神经线路相比，最高可使信号处理能力提高 3000 倍，可比喻为提高线路带宽。髓鞘质越厚，人的即时反应能力越强，人的技能如交流、阅读、学习等，等级越高。二是控制信号传递的速度。通过控制信号的传递速度达到控制肌肉的收缩速度和精确性。这种被控制的信号速度就是技能。因此说技能的密码就是髓鞘质。

形象地说，一个人的某项技能就好比其大脑神经的一条回路，而髓鞘质就是包裹这条回路的物质。通过成千上万个小时的刻意练习，这个包裹着神经回路的物质会变厚。髓鞘质越厚，绝缘性越强，传导的神经信息越精确迅速，人的即时反应能力也就越强，并最终展现为出类拔萃的、大师级的高超技能。

在《刻意练习》这本书中提到了科学家的另一个重要发现，就是人的记忆力存在于身体的哪一个部位？它的工作机制是什么？书中举了一个伦敦出租车司机的例子。

> 世界上没有哪座城市像伦敦那样，让自己的导航系统陷入混乱。首先，这座城市没有由大道构成的道路网络来指示方位

或者路径，相反地，城市的主干道之间相互形成奇怪的夹角。主干道居然是呈曲线状地弯曲着。城市中到处都是单行道环形交叉路，断头路随处可见。泰晤士河在城市的中央穿过，伦敦的市中心有十几座桥梁跨过。此外，伦敦采用古怪的编号系统，有时候即便是你已经找对了地址上标明的街道，可还是搞不清楚到哪里才能找到某个特定的地址。

对于游客来说最好的建议是，不要租一辆带有车载导航的车，而是一定要靠这座城市的出租车司机把你带到想去的地方。伦敦的出租车司机约有 2.5 万名，他们无处不在，几乎无所不能。

世界上最难的测试之一就是伦敦出租车司机的资格考试。想要成为一名伦敦的出租车司机，必须先记住以查令十字街为圆心的 9.6 千米半径范围内的 2.5 万条街道。当然了，记住这些还不够，还必须记住这 2.5 万条街道里标志性的建筑和主要的商店及地点。

有一个真实的事例。一次伦敦出租车司机考试，主考官说："你把我带到一尊手拿奶酪的两只老鼠的雕像面前。"结果那个司机还真的以最快的速度把主考官带到那里，而这尊所谓的雕像只有 30 厘米高，它的周围全都是高耸入云的建筑物。

从这件事我们可以看出，伦敦的出租车司机简直就是"超人"一样的存在。

科学家对伦敦出租车司机进行了跟踪研究，发现起作用的是我们大脑里一个小小的物体，叫"海马体"。海马体是涉及大脑中记忆发展的部位。科学家发现，伦敦出租车司机在成为出租车司机之前，他们的海马体和正常人一样，可是在通过了出租车司机的考试以及工作一段时间之后，几乎所有的出租车司机大脑里的海马体都比常人更大一些，尤其是海马体的后部非常大。

这个发现震惊了整个心理学界和科学界。这也许是证明人类大脑为响应密集训练而发展和改变的最引人关注的证据。

海马体主要负责学习和记忆，日常生活中的短期记忆都储存在海马体中。如果一个记忆片段，比如一个电话号码，一个人在短时间内反复提及的话，海马体就会将其转存入大脑皮层，成为永久记忆。

海马体的机能是主管人类近期主要记忆，有点像计算机的内存，将几周内或几个月内的记忆鲜明地暂时留存下来，以便让大脑中的海马体迅速存取。海马体记忆其实就是神经细胞之间的联结形态。然而，储存或抛掉某些信息不是出自有意识的判断，而是由人脑中的海马体来处理。海马体在记忆的过程中充当转换站的功能。当大脑皮质中的神经元接收到各种感官或知觉信息时，它们会把信息传递给海马体。如果海马体有所反应，神经元就会形成持久的网络；如果没有通过这种认可的模式，脑部接收到的经验就自动消逝。

海马体比较发达的人，记忆力相对会强一些。存入海马体的信息如果一段时间没有被使用的话，就会自行“删除”，也就是被忘掉了。存入大脑皮层的信息也并不是永久存在的，如果你长时间不使用该信息的话，大脑皮层可能就把这个信息“删除”了。有些人的海马体受伤后就会出现失去部分或全部记忆的功能，这取决于伤害的严重性，也就是海马体是部分失去作用还是彻底失去作用。

当我们了解了科学家对髓鞘质、海马体的研究和发现，我们就知道，事实上每个人都有潜质成为某一领域的高手，因为我们每个人的身体里都有这些物质，只不过有的人大一点儿，有的人小一点儿。过去我们所认为的那些有天分的人，聪明、记忆力超强的人，应该就是海马体略大一点的缘故，可是为什么他们的海马体会大呢？很简单，练出来的。像练肌肉一样地练习大脑，实际上是练习海马体。把海马体练大了，记忆力就强了。

《刻意练习》的作者安德森在书中讲了这样一个故事。

> 20 世纪 80 年代，教授请一个大学生来做实验，每天让他做一件事，就是记数字。他随机说出很多个数字，让这位大学生把它们记住。一开始，大学生只能记住六七个数字，到八位数的时候，就是他的“瓶颈”了。教授让他每周练习一个小时，想办法来延长这个记住数字的位数。经过两年多的训练，每周大概一个小时，两年一共 100 多次练习，这个小伙子能够很轻松地记住并连续说出 82 个数字。后来，他们把这项技术公布于世，结果发现，大量的人只要用这种方法不断地训练，都能够记住特别长的数字。

2009 年，在英国伦敦举行的第 18 届世界脑力锦标赛中，来自中国的一个记忆力惊人的年轻人，以 31.02 秒的成绩获得快速记忆扑克牌项目的世界冠军，以 1 小时正确记忆 1984 个无规律数字的好成绩获得记忆马拉松项目的亚军，成为综合实力排名世界第五、中国第一的“世界记忆大师”。

这位年轻人是一个天才吗？答案会让你失望。因为他根本不是什么天赋异禀的人，中学时在班里的成绩也只是 15 名左右。大学二年级加入学校的记忆协会，只因高中时经常被糟糕的记忆力困扰，他想通过学习改变自己的记忆能力。

这位年轻人的故事告诉我们，只要你有决心，用正确的方法坚持不懈地练下去，你完全可以成功，即使做不了全国第一，也有机会成为行业第一。

那么培训师怎样来做自己的“刻意练习”呢？

首先，给自己确立一个具体的、可实现的目标。比如，用五年的时间把自己“炼”成一个高水平的培训师。

然后，给自己确立一个可测量的标准。高水平培训师的标准：每一次培训之后学员的满意度评估分数平均不低于 80 分（百分制）。

最后，你要“刻意练习”的内容。你要学习的内容就是户外体验培训的五大专业技能，即拓展专业技能、户外安全专业技能、管理学基础、心理学基础、培训成人的技能技巧。

千万不要认为我们只是大脑不太灵光的普通人，再努力学习也不见得有什么效果，要相信我们身体的适应能力远远超出我们的想象。你所要做的是自己和自己比，而不是和“世界记忆大师”比，你只要通过自己的努力，让自己的培训技能有长足的进步，站上了新的高度，实现了自己的目标就可以了。同时，大家也要做好吃苦的心理准备。亚里士多德曾经说：“学习不是娱乐，它时常伴随着痛苦。”如果你不想生活中有痛苦，可惜，别无选择。前人说过：“人一辈子痛苦的总量是一样的。”你不在这里吃苦，就会在那里受罪，但无知的代价更大。

请我们的培训师记住：你怎样对待自己，你的学员就怎样对待你。

第四节
科学用脑——可以提高学习的效率

运动改造大脑吗？

运动的最大魅力，就在于它能让大脑处于最佳状态。为什么会这样呢？随着科学研究的发展，特别是生物科学的发展，人们对大脑有了新的发现：神经元分支间的连接点是突触，突触之间并不真正触碰。神经学家所说的“连接”是指建立一种联系。神经元工作的机制是：电信号沿着轴突传导到突触，在此神经递质携带化学信号穿过突触间隙，与另一端神经元树突上的特异性受体结合，就此打开神经元细胞膜上的通道，并将这种信号转化为电流。大脑中约 80% 的信号是由这种神经递质传送出去的，它们和多巴胺等神经递质一起来调节大脑的活动。

失衡的大脑会引发抑郁、焦虑等症状，很多时候人们更相信药物能改善这种状态，事实上长跑也能缓解人的精神状态，因为运动提高了神经递质的水平。

神经递质执行信息传递，调节大脑平衡，而另一些神经营养因子负责建立、保养神经细胞回路。其中最有名的就是脑源性神经营养因子，简称 BDNF，它被称为“大脑的优质营养肥料”，是大脑可塑性的重要推手，而运动会让这种神奇的脑细胞肥料变多。

1995 年，卡尔·科特曼在一个为期 4 年的关于才华的研究中发现，那些认知功能衰退极小的人呈现出一个共同的特点，就是有三个因素对他们影响最大，即教育、自我效能和运动。前两个因素对大脑的影响人所共知，只有运动因素让人费解。于是他设计了一个测量 BDNF 与运动关系的实验：在一个玻璃箱中放置一个不锈钢转轮，再放进去一大群老鼠。好在参与实验的老鼠天生喜欢这个运动器材，一晚上能跑几千米。之后对这些老鼠进行解剖，解剖结果表明：跑得圈数越多的老鼠，大脑内的 BDNF 水平越高。为什么用老鼠做实验呢？因为老鼠的大脑与人脑的相似度非常高。

此外，运动诱发神经新生。

很长时间以来，人们都认为神经元的数量是恒定的，只能被消耗，不能新生。以后的研究发现，神经元像其他身体细胞一样，在分裂生长，而实验证明，运动会诱发这种神经新生。

1998 年，在一个由神经学家彼得埃里克森领导的实验中，科研人员把运动和不运动的两组老鼠困在水池中，测试它们对逃生路线的记忆程度。结果表明，运动的老鼠每次都能迅速地找到安全地带。解剖发现，运动老鼠的海马体中新干细胞的数量是不运动老鼠的两倍。

当然，这并不意味着，长跑你就能变成天才，新生的神经元是完全空白的干细胞，要经历一个发育的过程才能形成神经细胞。在这个过程中，它们必须找到事情做才能生存下来。一个新生的细胞要经过 28 天才能加入一个神经网络中，如果我们不使用新生的神经元，就会失去它。

科学家发现，运动产生大量神经元，而环境优化的刺激有助于神经元的存活，也就是说，体育运动为大脑提供了学习所需的原料，课堂上的学习则促使新生的神经细胞连接到神经网络中。2007 年，德国研究人员发现，人们在运动后学习词汇的速度比运动前提高了 20%。就是说，当你身体活动起来之后，你的大脑也紧跟着活跃起来了。

户外体验式培训给了这个行业的培训师一个天然的运动的条件。有的时候我们要设计一些有高体能挑战的任务，比如山野、沙漠和戈壁穿越或强行军。辛苦吗？如果你一天之内走了 30 千米，你会感到实在是辛苦，但是如果你知道，在付出体能的同时也锻炼了自己的大脑，让自己的记忆力更加强大起来，你会感觉这个体能的付出实在是超值的。前两年，带一个企业家的团队去腾格里穿越沙漠，一天走了 28 千米，学员们累得甚至想躺在沙漠里再也不走了，但当走出沙漠在营地总结分享时，学员们的表现却出乎意料，个个神采飞扬、思维敏捷，根本不像从沙漠里跋涉而来的。后来每当想起这一段经历我都感觉特别值得。因此，当培训师了解了这个生物学的原理，不仅可以运用到对学员的培训中，也可以给自己的学习计划增加运动的内容，比如当你需要背诵教案的时候，先去跑个 10 千米，记忆的效果就会大大提高。

有好的睡眠，才会有好的学习效果！

睡眠在人生中大概要占去 1/3 的时间。我们很多人都有一个误区，认为睡眠其实就是休息。如果我是一个勤奋的人，我可以减少睡眠，多一点时间去工作，少一点休息的时间。其实这是错误的认识。事实上人身体的很多工作任务都是在睡眠中完成的。最佳睡眠与睡眠的时间长短无关，睡得好不好就看第二天的清醒状态。睡眠的质量决定于从入睡开始的 90 分钟，在这 90 分钟里，如果大脑进入深度睡眠，人就可以休息得很好；如果最初的 90 分钟睡不好，那与熬夜的结果就差不多了。我们把这 90 分钟叫“黄金 90 分钟”。

睡眠不仅对学习重要，对身体健康也很重要。睡不好，会形成睡眠负债，会诱发身体的各种疾病。晚上休息不好，白天会出现短暂的大脑休眠 1~10 秒。如果是开车，后果不堪设想。

睡眠有三大使命：第一，让大脑和身体得到休息。交感神经在白天忙了一天，晚上交班给副交感神经，让副交感神经来管理你的心跳、呼吸等，交感神经就可以很好地休息，恢复状态。第二，整理记忆。白天学习的知识在夜晚睡眠过程中扎根在大脑里，所以你会发现，有的时候我们在下午记不起来的东西，到了第二天早上就会清晰地出现在脑海里。第三，清除大脑里的废物。人脑在白天接收到各种信息，没有用处的就变成了垃圾，垃圾太多了就会给大脑增加负担，占用空间，因此要在晚上把这些垃圾清洗干净。晚间大脑会分泌脑髓液，冲走垃圾。

在培训中，让学员保持良好的睡眠至关重要，因为有时完成挑战难度较高的项目需要消耗大量体力，需要高度集中注意力，有时一分神，很可能造成身体的伤害，甚至安全事故。作为一个培训师，让自己每天都有良好的睡眠也非常重要，不仅在培训时能保持良好的精神状态，也有助于学习知识、掌握技能。

如何快速进入 90 分钟深度睡眠？有两个办法：一是降体温，二是管理大脑。

人在睡觉的时候体温会下降。体温下降，容易产生睡意，这就是为什么泡热水澡之后很容易睡着。

管理大脑核心的办法就是禁止兴奋，睡前听和看的内容不要带有刺激性，要单调一些为好。

要懂得睡眠禁区。如果你习惯在 11 点或 12 点睡觉，那么想提前两个小时睡觉一定睡不着，因为这个时候是你最兴奋的时候。另外，蓝光容易让人兴奋，手机的光就是蓝光。

美国哈佛大学医学院临床研究专家埃里克·哈格曼推荐，给自己制订一个大脑的训练计划：每周至少 5 天、每天 30 分钟中等强度的有氧运动，让你的心率保持在 120 左右，或者每周 6 天、每天 45~60 分钟的有氧运动。长期坚持下来，我们的大脑也会像肌肉一样强健。

培训师懂得了这些，可以合理地安排学员的培训时间、科学地进行体能训练。科学用脑，助你成为一名优秀的拓展培训师。